Fremdsein an einem Ort, in einer Zeit, in einer Sprache oder Kultur gehört zu den menschlichen Grunderfahrungen und stellt uns - als potentiell Fremde - vor die Alternative, entweder mit allen verfügbaren intellektuellen und emotionalen Fähigkeiten Fremdheit zu überwinden oder, sei es aus Angst, sei es aus Überzeugung, Fremde, Außenstehende zu bleiben. Vielleicht müssen wir, um dieses Fremde in uns selbst, die dunkle und dem rationalen Erkennen unzugängliche Seite unseres Wesens, freizulegen und unsere Fremdheitsängste zu überwinden, Geschichten erzählen, die mit Bildern und Symbolen wirken, jenen der Mythen und Märchen vergleichbar, die den Erzählschatz unserer Kindheit bildeten.

Johanna Krafft-Krivanec ist 1938 in Wien geboren, hat das Doktoratstudium in Kulturanthropologie abgeschlossen und ist als Übersetzerin und Konferenzdolmetscherin tätig.

WEGMARKEN

PASSAGEN ANTHROPOLOGIE

Johanna Krafft-Krivanec

Wegmarken

Fremdheitserfahrungen in Distanz und Nähe

Passagen Verlag

Deutsche Erstausgabe

Gedruckt mit freundlicher Unterstützung des Bundesministeriums für Bildung, Wissenschaft und Kultur in Wien und des Magistrats der Stadt Wien, MA 7, Referat Wissenschafts- und Forschungsförderung.

Die Deutsche Nationalbibliothek verzeichnet diese Publikation in der Deutschen Nationalbibliografie; detaillierte bibliografische Daten sind im Internet über http://dnb.ddb.de abrufbar.

ISBN 978-3-85165-860-6

http://www.passagen.at
Grafisches Konzept: Ecke Bonk
Satz: Passagen Verlag Ges. m. b. H., Wien
Druck: Manz Crossmedia GmbH & Co KG, 1051 Wien

Für Max, Ernst und Eva

Inhalt

Einleitung

„Wenn ein Mensch erwacht oder stirbt, braucht er eine Weile, ehe er sich von den Schrecken des Traums, von den Sorgen und Süchten des Lebens frei gemacht hat..."[1] lässt *Adolfo Bioy Casares* seinen Held im 1940 erschienenen Roman „*La invención de Morel*" in einem inneren Monolog vor sich hin sinnieren; als politisch Verfolgter und auf eine von seltsamen Gestalten bewohnte Insel Entflohener macht der Protagonist eine den Leser völlig absurd anmutende Fremdheitserfahrung, deren Paradoxie der Autor in dem oben wiedergegebenen Satz auszudrücken versucht – er kann in der Erlebniswelt, in der er sich, ohne zu wissen wie und seit wann wiederfindet, keine klare Trennlinie zwischen dem was ist und dem was sein könnte, ziehen. Nichts von dem, was er erlebt und in dem für ihn vorerst einmal völlig unbekannten und von einem gewissen *Dr. Morel* beherrschten Lebensbereich vorfindet, kann er früher Erlebtem zuordnen; so versucht er, in kriminalistischer Kleinarbeit, die Fragmente seines scheinbaren neuen Lebens mit jenen seiner früheren Existenz zusammenzufügen, bis er erkennt, dass die neue Realität künstlich ist und von den futuristischen Maschinen *Morels* erzeugt wird und er endlich, von seinen Zweifeln erlöst, in das Erlebnis seines eigenen Todes einwilligen kann. Der Autor, *Bioy Casares,* Freund und literarischer Weggefährte von *Jorge L. Borges,* nimmt in dieser fantastischen Erzählung die Vorstellung und die Möglichkeiten virtueller Verfremdung vorweg.

Heute, fast 70 Jahre nach dem Erscheinen dieses damals futuristischen Romans, sind Verfremdungen der eigenen Identität, der vertrauten Umgebung, der Ideen und Vorstellungen durch technische Hilfsmittel durchaus denkbar und ermöglichen das Hin- und Herwandern zwischen realen und virtuellen Welten. Die Fremdheit aber, die in den folgenden Texten beschrieben wird, ist nicht das Ergebnis der Unterscheidung zwischen Realität und Virtualität, sondern vielmehr die Erfahrung der Grenzlinie zwischen dem uns jeweils Vertrauten und dem Fremdartigen, dem Nicht-Verstandenen, dem ganz und gar Andersartigen oder auch nur dem *Anderen* – unabhängig davon, ob es in der Realität oder lediglich in unserer Vorstellung existiert. Vieles von dem, das wir als *fremd* oder *befremdlich* ansehen, erweist sich bei näherer Betrachtung als eine der möglichen Spielarten erlebter Wirklichkeit; andererseits tritt Fremdheit immer wieder in Situationen oder Beziehungen auf, wo man sie schon allein auf Grund physischer, sozialer, familiärer oder kultureller Nähe nicht vermuten würde.

Die Selbstverständlichkeit, mit der wir heute Entfernungen zu früher als fremdartig bezeichneten oder gedachten Regionen der Welt überwinden und topographische, politische oder kulturelle Grenzen dabei überschreiten, gibt dem als *„Fremde"* charakterisierten Teil der für uns erfahrbaren Welt eine ganz andere Bedeutung als zu Zeiten, da man sich, als Reisender oder Vertriebener, nur langsam einem fernen Ziel nähern konnte, im Bewusstsein der eigenen Ausgesetztheit und des Risikos, das ein solches Unterfangen mit sich brachte. Heute führen Reisende im Freigepäck die Bequemlichkeiten ihrer Ursprungskultur mit, um sich an jedem der vielen Orte, die sie ohne allzu viel Aufwand an Reisezeit erreichen können, in behaglicher Vertrautheit einzurichten – allzu viel Fremdheit, Verfremdung sollen nicht sein.

Fremdheit erleben daher vielmehr jene, die auf der Suche nach Schutz vor Verfolgung oder besseren Lebensbedingungen die ihnen vertraute Umgebung verlassen und dabei nur Weniges von dem mit sich führen können, das ihr Leben bis zu diesem Zeitpunkt bestimmt hatte; Verfremdung wird von einer kleinen Zahl Forschungsreisender, zumeist Ethnologen, Kultur- und Sozialanthropologen gesucht, die sich bewusst für eine bestimmte Zeit aus ihrem kulturellen Kontext heraus zu lösen versuchen, um einen unvoreingenommenen Blick auf das *Fremde* anderer Kulturen werfen zu können.[2] Solche zahlenmäßig jedoch zwangsläufig begrenzten Fälle von gesuchter oder erlittener Fremdheit bedeuten aber nicht, dass Fremdheit und Entfremdung nicht auch anders, von innen her, erlebt werden können, als Summe von Emotionen und Erinnerungsresten, befrachtet mit Begleitgefühlen, die manchmal so heftig sein können, dass sie ein Ausleben oder Aussprechen der Fremdheitsängste nicht zulassen. „Als Unheimliches ist das Fremde in uns selbst: ..." schreibt *Julia Kristeva* in ihrem 1990 in deutscher Sprache erschienenem Text *„Fremde sind wir uns selbst"*,[3] – „Wir sind unsere eigenen Fremden – wir sind gespalten.", erklärt *Kristeva* in ihrer Diskussion der *Freud' schen* Thesen über das Unheimliche und die Selbstentfremdung.

Das *Fremde* zwar als das *Andere* zu erkennen, die Fähigkeit es in seiner Andersartigkeit aber zu akzeptieren und mit ihm in einen Dialog treten zu können, gibt uns, als Individuen, die Chance nicht nur miteinander zu existieren, sondern uns auch mit uns selbst zu versöhnen – ein Prozess der sich, um erfolgreich zu sein, immer wieder mentaler Bilder und symbolischer Vorstellungen bedient. Diese diskursiven Strategien der Bewältigung der Angst vor dem Fremden über Bilder und Symbole finden sich in unterschiedlicher Form und Intensität, kulturell geprägt, in Mythen und Märchen, in Legenden und Erzählungen, also in Geschichten im weitesten Sinn des Wortes, die von den Diskrepanzen, Ungereimtheiten und letztlich unauflösbaren Konflikten berichten, die Menschen lebensbegleitend erfahren und mit denen sie sich rational und emotional auseinander setzen müssen. Versagt die emotionale Bewältigung der Angst vor dem *Fremden* und werden Fremdheitsgefühle rational unterdrückt, so kehren sie häufig als viszerale Xenophobien und irrationale Voreingenommenheiten zurück.

Indem Mythen und Märchen das Unsägliche beschreiben, geben sie auch unseren vielfältigen Fremdheitsängsten eine Sprache und ermöglichen uns, durch die Irrealität ihres Handlungsgefüges und die Bildhaftigkeit ihrer Sprache, selbst Worte für das zu finden, das wir als belastende Erinnerungsreste und Bewusstseinsinhalte gerne von uns wegschieben, weil die Auseinandersetzung mit dem, was wir in uns selbst als *fremd* und daher als *befremdlich* wahrnehmen, in uns Unlust- oder Schamgefühle weckt oder zumindest als schmerzlich empfunden wird. Dort, wo das Fremde von außen auf uns eindringt, stellt uns die menschliche Erfahrung – unsere eigene oder die kulturell begründete – tragfähige Handlungsanleitungen im Umgang mit Fremdheit zur Verfügung; das *Fremde* in uns selbst aber, die dunkle und dem rationalen Erkennen unzugängliche Seite unseres Wesens, können wir nur in geringem Maß freilegen – vielleicht am Besten indem wir Geschichten erzählen, unsere eigenen und die, die uns einmal erzählt wurden und die mit ihren Bildern in unserer Vorstellung haften geblieben sind.

In meiner Kindheit – einer Zeit in der Bilder zwar schon laufen konnten, aber gerade erst sprechen gelernt hatten – war es das Vorlesen oder das Erzählen von Geschichten, das Nahrung für Seele und Geist bot, Märchen, fantastische Erzählungen, Geschichten aus dem Orient, Legenden, Mythen aber auch Berichte von

Erlebtem, denn es gab darin immer etwas, das *Fremdes* zu *Vertrautem* werden ließ und in der Spannung zwischen Distanz und Nähe auflöste. Es gab die Geschichten aus vergangener Zeit, kleine Individualereignisse, die von der Wucht zeitgeschichtlichen Geschehens erfasst und gewendet wurden, und es gab schließlich die Geschichten, die *nicht* erzählt wurden, die in den Köpfen derer, die sie kannten, eingeschlossen blieben und daher nur umso mehr Fragen aufwarfen; einige dieser Geschichten konnten, viel später, auf der Grundlage von schriftlichen Zeugnissen, Tagebüchern oder Briefen, ganz oder teilweise, in ihrem Ablauf rekonstruiert werden, während andere ihr Geheimnis nicht oder nur teilweise preisgaben. Zwölf Geschichten denen allen, mit einer Ausnahme, eines gemeinsam ist – sie handeln von Fremdheitserfahrungen – sollen hier erzählt werden, nicht etwa weil sie so einzigartig oder fesselnd wären, sondern gerade weil sie das Alltägliche mit seinen Einschüchterungen, Verletzungen und selbstquälerischen Erinnerungen beschreiben, aber auch die Möglichkeit andeuten, Fremdheit zu überwinden und daraus Erkenntnisse zu gewinnen. Es bleibt die Einsicht, dass wir alle nahezu überall *Fremde* sind, für andere und – meist auch – für uns selbst.

Der Kopf des fremden Kriegers – Spielarten des Fremdseins

Die *Kashinawa*, eine indigene Gruppe vom Oberlauf des *Amazonas*, kennen einen Mythos, der die Entstehung von Himmelserscheinungen wie des Regenbogens, der Sterne und des Mondes mit der Monatsblutung der Frauen verknüpft; diese Naturphänomene entstanden, so der Mythos, durch den Tod eines Indianers und die vorausgegangene Verletzung der für das Funktionieren gesellschaftlicher Beziehungen wesentlichen Balance zwischen Distanz und Nähe. Ausgangspunkt der mythischen Erzählung ist ein Krieg zwischen zwei Indianerstämmen, in dessen Verlauf einer der Kämpfenden zufällig das Gebiet des verfeindeten Stammes betritt und auf einen Angehörigen eben dieses Stammes trifft. Einer natürlichen Regung folgend, versucht er vor seinem Gegner zu fliehen, doch der fremde Indianer hält den Fliehenden zurück und überzeugt ihn, durch Versöhnungsgesten, von seinen angeblich friedlichen Absichten, ja fordert ihn sogar auf, ihm zu seiner Hütte zu folgen, wo seine Frau sie sicherlich beide freudig empfangen und bewirten würde. Der fremde Krieger lässt sich von dem vorgeblichen Gastgeber überreden und geht auf sein Angebot ein. Sein weiteres Schicksal entnehmen wir dem Wortlaut des Mythos:

Vor der Hütte seines Begleiters angelangt, zögerte der Fremde einzutreten, denn es war ihm bang zu Mute. Sein Begleiter aber redete ihm gut zu und so kämmte der Fremde sein Haar und legte seinen Federnschmuck und seine Armreifen an.

Eine prachtvolle Hängematte wurde ihm zum Ausruhen angeboten und die Frau seines Gastgebers trug ein üppiges Mahl auf, das die Männer nicht aufzuessen vermochten. So wurden dem fremden Gast die Reste des Mahles auf den Heimweg mitgegeben und der um den Fremden stets bemühte Gastgeber bestand darauf, seinen Gast ein Stück Weges zu begleiten. Als der Fremdling besorgt schien, weil sein Begleiter seine Waffen und ein langes, scharfes Buschmesser mit auf den Weg nahm, beruhigte ihn dieser mit dem Hinweis, dass er Holz fällen und einen Grabstock zuspitzen müsse. Der mit Lebensmitteln beladene fremde Indianer kam jedoch nicht weit, denn es wurde ihm der Kopf abgeschlagen – der Rumpf blieb noch einen Augenblick schwankend stehen und stürzte dann zu Boden ...[1]

Die hier beschriebene frevelhafte Tat an einem Fremden, dem das Gefühl vermittelt wurde, er wäre, entgegen aller Wahrscheinlichkeit in seiner Situation als Kriegsgegner, in den Genuss des Gastrechts – das Paradigma gesellschaftlicher Nähe – gekommen, führte im weiteren Verlauf der mythischen Erzählung zu der eingangs erwähnten Entstehung vielfältiger Naturphänomene. Der vom Rumpf getrennte Kopf des Fremden kann die Ruhe des Todes nicht finden; er verfolgt und bedrängt die eigenen Stammesmitglieder, die versuchen, die leiblichen Überreste ihres Waffenbruders zu bestatten. Erst durch die Verwandlung des Kopfes in Himmelskörper, sowie in damit in Zusammenhang gebrachte physiologische Prozesse, wie die weibliche Fruchtbarkeit, mit anderen Worten, durch den Rückzug des *„untoten"* Schädels aus der Gemeinschaft der Lebenden, kann die richtige Distanz zwischen Toten und Lebenden wiederhergestellt werden. Als auslösendes Moment dieser Kette von Verwandlungen, die in keinem kausalen Zusammenhang mit der Ausgangssituation zu stehen scheinen, ist die extreme Verletzung des Gastrechts anzusehen, ein begangenes Unrecht, das nach Wiedergutmachung und Kompensation verlangt. Wäre der Indianer in seinem Territorium, im Gebiet seines Stammes geblieben oder hätte er nicht, vertrauensselig, der Aufforderung seines Kriegsgegners Folge geleistet, ihm in seine Behausung zu folgen, so wäre ihm nicht in der geschilderten, üblen Weise mitgespielt worden. In dem Augenblick aber da er die Grenze zwischen den Stammesgebieten überschritten hatte, wurde er zum Fremden, zum Gefährdeten. „Immer woanders, ist der Fremde von nirgendwo"[2] lesen wir bei *Julia Kristeva,* die so die Preisgegebenheit, die Schutzlosigkeit derjenigen charakterisiert, die von ihrem Ort weggegangen oder aus ihrer Zeit herausgetreten sind.

In der eingangs geschilderten Begebenheit beschreibt der Mythos nicht nur die Hinterhältigkeit des vorgeblichen Gastgebers, sondern auch den rituellen Vollzug der Verwandlung des *Fremdlings* in den *Gast.* Der Angehörige des Stammes, auf dessen Territorium der fremde Krieger geraten ist, erweckt bei diesem den Eindruck, er wäre als Gast willkommen, hätte Anrecht auf jede Art von Gastfreundschaft und bekräftigt diese Behauptung durch den gemeinsamen Verzehr von Früchten, die beide unterwegs auflesen; der Fremde vollzieht an sich die gebotenen rituellen Handlungen, um sich auf seine Rolle als Gast einzustimmen - er kämmt seine Haare und legt seinen Federnschmuck an und wird dann doch, nach dem Genuss des Mahles und der Rast in der Hängematte, hinterrücks ermordet. Liest man den Text des Mythos genau, so stellt man allerdings fest, dass dem Fremden stets Zweifel daran bleiben, ob er den Status des Gastes und damit den diesem zustehenden Schutz tatsächlich genießt oder ob sein Gegenüber nicht schon längst sein Verderben beschlossen hat; seine sorgenvolle Frage nach den Motiven seines Gastgebers, als dieser ihn bewaffnet zu begleiten gedenkt, verdeutlicht die Unsicherheit und die Besorgnis des Fremden im Hinblick auf sein eigenes Los.

In der Lebenswirklichkeit traditioneller Gesellschaften ist die gastfreundliche Aufnahme von Fremden, wie etwa von Forschungsreisenden, nicht grundsätzlich selbstverständlich, sondern an die Erfüllung bestimmter Bedingungen geknüpft: Der Fremde hat seine Friedfertigkeit sowie Ziel und Zweck seiner Reise, in deren Verlauf er fremdes Stammesgebiet betreten möchte, zu erklären und, soweit dies durchführbar und möglich ist, schon vor Reiseantritt bei den Angehörigen des fremden Stammes die Erlaubnis einzuholen, sich auf ihrem Territorium zu bewegen. In seinen 1999 erschienenen, unter dem Titel *Erkundungen* zusammengefassten, ethnologischen Forschungsberichten beschreibt der Kulturanthropologe *Andre Gingrich* eben diese Verpflichtung des Reisenden und die symbolische Bedeutung des Mahles, das ihm gereicht wird und ihn – so wie es dem im *Kashinawa*-Mythos erwähnten Krieger in betrügerischer Absicht zugesichert wurde – vom Fremden zum Gast werden lässt:

> Die Ehre ein Gastmahl zu erhalten ist in diesem entlegenen Gebiet (N-W des *Jemen*) allerdings nichts Alltägliches oder gar Selbstverständliches: Das Gastmahl ist die entscheidende Zwischenstation und schließlich Endereignis einer geglückten Reise und eröffnet für die Dauer des Aufenthaltes die rechtliche Beziehung zwischen Gast und Gastgeber. Das Gastmahl liegt somit am Übergang zweier Raum- und Zeitabschnitte, ... [...] Das Gastmahl markiert den Übertritt aus dem gefahrvollen und unsicheren in den gesicherten und geschützten Rechtsraum und ist damit [...] eine „soziale Grenze" mit spezifischem Ritual und besonderer Etiquette.[3]

Der als Feldforscher reisende Ethnologe, der Fremde *par excellence,* der sich mit Absicht an fremde Orte als Beobachter fremder Kulturen begibt, hat beim Betreten des Territoriums von ihm beforschter Gesellschaften bestimmte, zumeist rituell fixierte Handlungen zu setzen, die ihm den Status des Gastes verleihen. In seinem

1993 erschienenen Feldforschungsbericht *Les lances du crépuscule* schildert der Ethnologe *Philippe Descola* die langsame Annäherung an die Lebensweise einer *Jivaro*-Gruppe im Grenzgebiet von Ekuador und Peru, die sich ihre Ursprünglichkeit bis ins 20. Jahrhundert bewahrt hatte und im Ruf stand, die Kopfjagd zu praktizieren. Nach langwierigen Vorbereitungen und mühsamen Vorsprachen bei verschiedenen Behörden in *Puyo,* der ehemaligen Missionsstation und nächstgelegenen Ansiedlung, reisten der Autor und seine Frau 1976 zuerst mit einem Kleinflugzeug und dann, in eineinhalb Tagesmärschen, zu Fuß durch den Dschungel zu den *Ashuar* am *Capahuari,* in der ekuadorianisch-peruanischen Grenzregion. Die administrativen Formalitäten waren erfüllt und der Häuptling der *Ashuar*-Gruppe von der Ankunft der Fremden in Kenntnis gesetzt worden – für die Ethnologen aber begann nun erst das vorsichtige Herantasten an eine Kultur, die sie ausschließlich aus ethnographischen Berichten kannten und sie wagten erste Kommunikationsversuche in einer Sprache, die damals lexikalisch nur teilweise in Wortlisten Shuar-Spanisch erfasst war. *Descola* schildert die Schwierigkeiten der Überwindung dieser kulturellen Schranken und seine Bemühungen, sich als Fremder richtig zu verhalten, um den Anspruch auf das Gastrecht bei den *Ashuar* nicht zu verwirken:

> Wir waren starr vor Angst bei der Vorstellung, durch eine unpassende Handlung oder Bewegung die nach außen gezeigte Gutmütigkeit, mit der wir bei unseren Gastgebern aufgenommen worden waren, aufs Spiel zu setzen; auch hatten Anne-Christine und ich Berichte von früheren Besuchern bei den *Jivaros* gelesen und hatten uns rasch die Verhaltensregeln zu eigen gemacht, die es uns erlaubten, uns im Haus zu bewegen, ohne dabei einen *faux-pas* zu begehen. [4]

Es gelang dem von den *Ashuar* gastfreundlich aufgenommenen Ethnologenpaar, die anfängliche Sprachlosigkeit und damit die Fremdheit zu überwinden, indem sie den Alltag dieser weit verstreut im *Amazonas*-Urwald lebenden Indianer teilten, an ihren Festen und Kriegszügen teilnahmen und, zum Zeichen ihrer Eingliederung in die *Ashuar*-Gruppe, indigene Namen erhielten – aus Anne-Christine wurde *Anshumir* und dem Autor wurde der Name *Yakum*, das *Ashuar*-Wort für Brüllaffe, zugeordnet – *Descola* vermutete, dass diese Bezeichnung von den *Ashuar* in Anspielung auf seinen Bart gewählt worden war, dessen Farbe an das Brustfell dieses Tieres erinnerte. Nach einigen Monaten Aufenthalt bei dieser indigenen Gruppe berichtete *Descola* über seine Situation so wie die seiner Frau und über die Art und Weise, wie sie von den Indianern gesehen und beurteilt wurden:

Die Menschen von *Capahuari* verstanden nach wie vor nicht, welches Motiv für unseren langdauernden Besuch ausschlaggebend war, aber der Grund unserer Anwesenheit war für sie schließlich zu einer Angelegenheit von zweitrangiger Bedeutung und durch die Tatsache unserer Beteiligung an ihren Alltagsbeschäftigungen unerheblich geworden. Sie stellten bald fest, dass wir keine protestantischen Missionare waren, da wir eine ausgesprochene Vorliebe für Tabak hatten; (...) Auch konnten wir keine katholischen Missionare sein, denn man hatte ihnen erzählt, dass es sich bei letzteren um einsame Männer handelte die, da sie keinen Penis besaßen, unfähig waren mit einer Frau zu leben. Wir verfolgten keinerlei Kolonisierungsabsichten und ich hatte (...) sogar den Vorschlag abgelehnt, einen Garten anzupflanzen und ein Haus zu bauen (...) Allerdings schien alles darauf hinzuweisen, dass wir für lange Zeit da bleiben würden und das, was in den ersten Wochen als bizarre und vergängliche Neugierde erschien – unser Interesse an ihrer Sprache, ihren Mythen oder den Namen ihrer Großeltern – wurde als dauerhafte Absicht angesehen, ihr Leben teilen zu wollen.[5]

Philippe und *Anne-Christine Descola* blieben insgesamt drei Jahre als Feldforscher bei den *Ashuar*; das Ergebnis ihrer Forschungstätigkeit liegt in dem erwähnten Buch

Les lances du crépuscule vor und gibt faszinierende Einblicke in die Funktionsweise einer Gesellschaft, deren Alltagspraxis und kulturelle Grundlagen sich, in jeder Hinsicht, von jenen der westlich-abendländischen Kultur unterscheiden und auf uns, im eigentlichen Wortsinn, *befremdlich* wirken. Der Ethnologe jedoch entscheidet sich bewusst dafür, ein *Fremder auf Zeit* zu sein, um aus dieser Beobachtungsperspektive – im Spannungsbogen zwischen Nähe und Distanz – über das Andersartige und die Unterschiede berichten zu können, wohl wissend dass er jederzeit, spätestens mit dem Ende seines Feldforschungsaufenthalts, wieder in die ihm vertraute Welt, in sein kulturelles Umfeld zurückkehren wird.

Ganz anders erfährt der wirklich *Fremde,* der seine vertraute Umgebung mit ungewissem Ziel und für unbestimmte Zeit verlassen hat, freiwillig oder unter existentiellem Zwang, das *Fremdsein.* Unabhängig davon ob er vor persönlicher Verfolgung fliehen musste oder ob wirtschaftliche Gründe dafür ausschlaggebend waren, dass er sich in die Fremde begeben hat, zwingt ihn dieser Zustand zu komplexen Anpassungs- und Lernleistungen. Wer sich niemals selbst der Realität einer solchen Herausforderung stellen musste, erfährt aus Berichten und Biographien von Exilanten, wie schmerzlich der Verlust der gewohnten Umgebung, der Zwang zur Kommunikation in einer nicht vertrauten Sprache und die Verständnislosigkeit des neuen gesellschaftlichen Umfelds für die gewohnten alltäglichen Kulturpraktiken erlebt werden und somit Schwierigkeiten darstellen, die den mit der Begründung einer neuen Existenz verbundenen wirtschaftlichen Druck noch verstärken.

Von Kindern und Jugendlichen werden solche Fremdheitserfahrungen unterschiedlich erlebt, da ihnen, in ungünstigen Fällen, in derartigen Situationen die Sicherheit genommen wird, die die Einbettung in vertraute Kulturtraditionen und der Gebrauch der Muttersprache in ihrem gesellschaftlichen Umfeld geben. Im besten Fall gelingt es diesen „Entwurzelten“, zumeist auf Grund ihrer Jugend, sich sehr rasch an die neue Umgebung anzupassen, die Sprache eines fremden Landes zu erlernen und nicht mehr als „Fremdkörper“ aufzufallen, so dass nach außen und auf der Grundlage der allgemeinen Lebenserfahrung das Erlebnis der Überwindung der Fremdheit meist als eine *positive* Anpassungsleistung angesehen wird. Allerdings sind auch, vor allem in Form literarischer Zeugnisse, die schmerzhaften Bewältigungsversuche jugendlicher Fremdheitserlebnisse bekannt, die wiederholte sprachliche ebenso wie kulturelle Entwurzelung von jungen Menschen fordert, die in ihrer Kindheit oder Jugend immer wieder, mit oder ohne den Schutz der eigenen Familie, das Land, die Sprache, die Kultur wechseln mussten, oft um des bloßen Überlebens willen. Die europäische Geschichte des 20. Jahrhunderts gibt dafür beredte Beispiele und neben den geglückten Übergängen zwischen Vertrautem und Fremdem, den *success stories* der von politischen oder ökonomischen Verhältnissen Vertriebenen, gibt es vermutlich ebenso viele wenn nicht mehr Beispiele für das Unglück jener, die sich ein Leben lang vom Stigma des *Fremdseins* nicht befreien können.

Fremd ist man aber nicht nur an einem Ort - man kann fremd sein in seiner Zeit, man versteht sie im Alter nicht mehr oder erkennt, in der Jugend, ihre Zeichen nicht. Befragt man ältere Menschen nach ihrer Wahrnehmung der gesellschaftlichen oder politischen Ereignisse ihrer Jugend, so erhält man oft zur Antwort, sie hätten damals das Geschehen nicht erkannt oder nicht richtig interpretiert, sie hätten die Folgen nicht voraussehen können und überhaupt wären sie so sehr durch eigene Nöte und Bedürfnisse in Anspruch genommen gewesen, dass sie gar keinen Blick für die Folgewirkungen oder Bedrohungen des größeren Lebenszusammenhanges gehabt hätten. „*Wir haben einfach von einem Tag auf den anderen gelebt - was sonst geschah blieb uns fremd, und wir waren der Meinung, dass wir es ohnehin nicht beeinflussen könnten ...*" – so oder so ähnlich reagierten viele auf drängende Fragen der nächsten oder übernächsten Generationen, wenn diese wissen wollten, ob ihre Eltern oder Großeltern damals, vor und während des Zweiten Weltkriegs etwa, versucht hatten, Widerstand zu leisten, willfährig ein Unrechtsregime unterstützten oder, schicksalsergeben, das erhoffte Ende des Regimes abzuwarten gedachten, indem sie in das im Verhältnis zur realen Emigration weitaus weniger gefährliche und belastende *„innere Exil"* gingen und so zu Fremden in ihrer Zeit wurden.

Fremdheitserfahrungen beruhen jedoch nicht nur auf der Unvertrautheit mit bestimmten Orten, dem Herausfallen aus einer gegebenen Zeit oder der Unfähigkeit beziehungsweise Unmöglichkeit zur Kommunikation mit der Umwelt und im Verhältnis zu Anderen, sondern sehr wohl auch in der individuellen Selbstwahrnehmung. So werden oder bleiben, einerseits, Menschen einander fremd, weil sie, trotz räumlicher oder verwandtschaftlicher Nähe, nie zueinander gefunden haben, weil äußere Umstände es verhinderten oder in einem familiären Naheverhältnis stehende Personen ein solches nie wirklich erfuhren oder wünschten. Andererseits kann das Gefühl der Entfremdung auch die Wahrnehmung der eigenen Person, die individuelle Befindlichkeit betreffen, um nicht zu sagen beeinträchtigen; seelische ebenso wie körperliche Erlebnisse können dazu führen, dass man sich selbst nicht mehr fühlt, nicht mehr in der gleichen Weise wahrnimmt, wie zuvor. In *Bernhard Waldenfels' Topographie des Fremden* liest man: „Fremdheit [...] begegnet uns nicht nur in Anderen, sie beginnt im eigenen Haus als *Fremdheit meiner selbst ...*"[6], eine Feststellung die im weiteren vom Autor folgendermaßen relativiert wird: „Wenn ich selbst (...), *dem etwas fremd*, das heißt unzugänglich ist und *dem sich etwas entzieht,* in meinem Eigensein durch Züge der Fremdheit gezeichnet bin, so scheint am

Ende *alles und nichts fremd.*“[7] Die *Waldenfels*'sche Paradoxie des „alles und nichts“ lässt sich vielleicht in der Weise auflösen, dass Fremdheit, Fremdsein und Fremdfühlen – es ließe sich dafür der Begriff *„Xenästhesie“* prägen – ihre Begrenzung in dem Bereich erfahren, der eben schon erkundet, vertraut, individuell angeeignet erscheint, unabhängig davon ob es sich um Orte, Zeiten oder Beziehungen zu anderen Menschen handelt oder um die eigene Befindlichkeit und Selbstwahrnehmung.

Eben dieses Gefühl der Entfremdung sich selbst und in der Folge den Mitmenschen gegenüber beschreibt *Albert Camus* in seinem zur Mitte des 20. Jahrhunderts erschienenen Roman *Der Fremde.* Sein Protagonist, von dem der Leser nur den Familiennamen *Meursault* erfährt, lebt sein Fremdsein nicht nur als Franzose unter Arabern, nicht nur als Abkömmling der Angehörigen der Kolonialmacht unter den ehemals Kolonisierten, sondern auch als Individuum sich selbst und anderen gegenüber in völliger Indifferenz. Auf diese aus Unfähigkeit zu Empathie entspringende Gefühllosigkeit von *Camus'* Fremden sich selbst und jenen gegenüber, mit denen er zu tun hat, geht *Julia Kristeva*[8] in ihrem Text *„Fremde sind wir uns selbst“* ein und stellt das Postulat auf *„Wir alle sind Meursaults“*; vielleicht sollte dieser Aussage der Konjunktiv zugrunde gelegt werden – wir alle könnten, wenn es die Umstände unserer Lebenssituation bedingen, zu *Meursaults* werden – emotionslos, leidenschaftslos und durch nichts zu verwunden bis hin zur Selbstaufgabe in der eigenen Vernichtung. Der einzige Gedanke, den *Meursault* dem Tod seiner Mutter, die er während der drei Jahre ihres Aufenthalts im Altersheim kaum je besucht hatte, nach der Rückkehr vom Begräbnis nachschickt, betrifft seine eigene Befindlichkeit: „Ich dachte, daß ein Sonntag vorbei und Mama nun begraben sei, daß ich wieder meine Arbeit tun würde und daß sich eigentlich nichts geändert habe.“[9]

Camus' Antiheld wirkt wie betäubt, unfähig zu Trauer oder Mitgefühl, nur mit den auf seine eigene Person bezogenen Wahrnehmungen befasst, aber kaum von ihnen betroffen und williges Instrument in den Händen der anderen Romanfiguren, deren Wünschen und Vorstellungen er, um selbst allen Fragen, Problemen oder Auseinandersetzungen aus dem Weg zu gehen, bereitwillig entspricht; die Selbstentfremdung kulminiert im Mord an dem ihn mit einem Messer bedrohenden Araber, eine Tat, die auch ein Akt überzogener Selbstverteidigung sein könnte. In *Julia Kristevas* Charakteristik der Romanfigur *Meursault* – „... er hat keine Prinzipien, er ist ohne Innerlichkeit, er streift und registriert Empfindungen. Meursault, ein ‚leerer Panzer' (wie Bettelheim ihn beschreibt), der ... Schriftsteller geworden wäre? Wer erzählt wirklich diese Geschichte eines Fremden? Camus? Meursault? Wenn nicht beide verschmelzen ..."[10] – ist im Keim ihre Erklärung der oben erwähnten und apodiktisch wirkenden Aussage *„wir alle sind Meursaults"* enthalten: Die Tötung des Widersachers wird nicht mehr – je nach Lesart – als individueller Verteidigungs- oder als Aggressionsakt mit jeweils rassistischen Untertönen in einer ambivalenten Lebenssituation angesehen, sondern auf die Ebene der absoluten Gleichgültigkeit verlagert.

Der in mir erstickte andere läßt mich fremd werden gegenüber den anderen und gleichgültig gegenüber allem: [...] (es) explodiert die betäubte Indifferenz des Fremden im Mord an dem anderen. [...] Der Mord erscheint als das äußerste Ausagieren dieser Spannung ohne Entscheidung, ohne Wahl oder Wert (...) Das Töten anstelle des In-Worte-Fassens eines Nichts, des in mir wie ein Nichts eingemauerten anderen. Der Mord wird daher, genau wie die Worte, gleichgültig und in noch stärkerem Maß als diese, bedeutungslos.[11]

Ist es der agnostische, sich jeder Transzendenz verweigernde Rationalist *Meursault* der, wie *Julia Kristeva* sagt, paradigmatisch für uns Abendländer steht? „Die

Fremdheit des Europäers beginnt durch sein inneres Exil"[12] schreibt die Autorin, die selbst die Erfahrung der Entwurzelung und des Wieder-Fuß-Fassens in einer anderen Sprache und einem fremden intellektuellen Kontext durchlebt hatte. Nur – so darf man sich als Leser des Romans von *Camus* und seiner Beurteilung bei *Julia Kristeva* fragen – ist Entfremdung in ihrer sozialen Dimension so unumstößlich und unüberwindbar wie der Existentialist *Camus* sie in seiner Romanfigur des *Fremden* darstellt? Lassen sich nicht auch Vorstellungen von der Wahrnehmung des Anderen und seiner Präsenz, wie *Emmanuel Lévinas* sie vertritt, rechtfertigen, mit deren Hilfe es möglich und sinnvoll erscheint, die Grenzen zum Anderen nicht nur zu erkennen, sondern im gegenseitigen Einverständnis auch zu überwinden? Oder verhalten wir uns in dem uns vorgegebenen abendländischen kulturellen Kontext lediglich wie *Spieler in einem Spiel* die, *Zygmunt Bauman* zufolge, nach vorgegebenen Regeln zu spielen haben – jeder Spieler kann zwar bestimmte Spiele vermeiden oder verlassen – aber er hat das Spiel mit den anderen Spielern zu spielen und seine Mitspieler zumindest zur Kenntnis zu nehmen:

> Was der Spieler allerdings unter keinen Umständen tun kann, ist sich ganz aus den Spielen herauszuhalten. Es gibt keine andere Welt als die der vielen regelgeleiteten Spiele: [...]
> ... was bleibt ist das biegsame, geschmeidige Spiel ohne festgelegten oder voraussagbaren Ausgang, ein Spiel, das völlig in der Versammlung der Spieler und ihrer Züge aufgeht. Die Spieler können das Ergebnis nicht bestimmen. Was allerdings nicht heißt, daß ihre Züge ganz folgenlos sind.[13]

Auch die ausschließlich selbstbezogenen Handlungen, die *Camus* seinen Protagonisten setzen lässt, bleiben nicht folgenlos – selbst wenn *Meursault* ihnen weder in Bezug auf sich selbst, noch auf andere, irgendeine Relevanz zubilligt. Er spielt, um in dem von *Bauman* geprägten

Bild zu bleiben, sein Spiel ganz für sich allein und weiß nach dem entscheidenden falschen Zug, dass er es nicht mehr gegen sich gewinnen kann. Anders als die am Spiel Beteiligten bei *Bauman* hat *Meursault* nur seine eigene Situation im hier und jetzt zu berücksichtigen – er bleibt ein Fremder, Entfremdeter in seinem gesellschaftlichen Umfeld, sieht sich in keiner Verantwortung gehalten und definiert sein Handeln als grundsätzlich folgenlos – „es hat keine Bedeutung..." lässt *Camus* seinen Protagonisten in der Selbstreflexion seines Handelns oder Nicht-Handelns immer wieder feststellen.

Wäre somit der Schluss erlaubt, dass es möglich ist, Fremdheit zu überwinden, indem Bedeutung, Sinn erkannt und zugeordnet werden können ? Vielleicht ließen sich Orte, an denen man lebt oder die man bereist, bewusst wahrnehmen ebenso wie Erfahrung in der Zeit und in mitmenschlichen Begegnungen, um darin Sinn für den eigenen Erlebnishorizont zu finden, auch wenn man sich, wie ein *Bauman*'scher Spieler in einem Spiel den gesetzten Regeln entsprechend verhalten muss, Regeln, die nie über das Spiel hinausweisen können; es lässt sich auf diese Weise doch die Isolation des Fremdseins aufbrechen und, vielleicht, im *Lévinas'schen* Sinn, die Brücke zum *Anderen*, zur respektvollen Wahrnehmung des einen oder der vielen Mitmenschen schlagen.

Schwieriger zu überwinden erscheint die Fremdheit sich selbst, den eigenen Gefühlen und Empfindungen gegenüber – sei es dass Störungen der angemessenen Balance zwischen Distanz und Nähe zum Verlust der richtigen Einschätzung der Individualgrenzen geführt haben oder dass Leiderfahrungen und Verletzungsängste geradezu zwanghafte Selbstaggression nach sich ziehen und die Eigenvorstellung eines Persönlichkeitsbildes prägen, von dem man zwar weiß, dass man es ablehnt, das man aber in seinen wesentlichen Zügen ohne fremde Hilfe nicht zu verändern in der Lage ist. Darüber sprechen, darüber schreiben kann als Teil einer Therapie angesehen werden und wird in vielfältiger Form auf professioneller Ebene angeboten; in der Alltagserfahrung erfüllen die Bilder und Inhalte von Mythen, Märchen und Legenden, wie sie uns in unserer Kindheit erzählt wurden und als Erzählschatz von Generation zu Generation weitergegeben werden, kulturspezifisch diese Funktion.

Auch die im Folgenden niedergeschriebenen Texte sind Geschichten, abgeleitet aus erinnerten und berichteten Ereignissen und sie haben eines gemeinsam: sie handeln, mit einer Ausnahme, von Fremdheits- oder Entfremdungserfahrungen. Ihr Ausgangspunkt ist Erlebtes ebenso wie Imaginiertes, Vorgestelltes, wobei letztgenanntes vor allem dort wirksam wird, wo die Erinnerung auf Widerstände stößt und keinen Zugang zu Erlebnisinhalten gewährt oder wegen der langen Zeitspanne, die zwischen den Begebenheiten und ihrer Aufzeichnung liegt, lückenhaft ist; andererseits beruhen die Texte auf Erzählungen, die meine Kindheit begleitet haben und deren Leerstellen durch schriftliche Zeugnisse - Briefe oder Tagebücher - ergänzt werden konnten. Schließlich stellt eine der Geschichten, die bewusst nie erzählt wurde, den Versuch dar, die mögliche Abfolge der Ereignisse an Hand von Fakten ebenso wie von Vermutungen aufzurollen und Licht auf das Leben einer Frau zu werfen, die in der Welt meiner Kindheit als schemenhafte Erscheinung, als verhuschter aber auch irgendwie bedrohlicher Schatten im Familienhintergrund anwesend war und stets weggedacht wurde. Diese Erzählungen zum Thema Fremdheit sind eine Sammlung sehr persönlicher Texte, in denen, einerseits, versucht wird, eigene und mitgeteilte Fremdheitserfahrungen in den größeren Zusammenhang des kulturell geprägten Gegensatzes von Eigenem und Fremden, von Nähe und Distanz zu stellen, andererseits das Entstehen von Fremdheitsgefühlen anderen und sich selbst gegenüber, an Hand von Einzelerfahrungen, zu beschreiben.

Fremde Sprachen, fremde Orte, fremde Welt

Den in diesem Abschnitt zusammengefassten Texten, die von tatsächlich erlebten und in der Kommunikation mit der Außenwelt erfahrenen Fremdheitserlebnissen handeln und ihren Ursprung in der Konfrontation mit dem Unbekannten in fremden Lebenswelten, den Verständigungsschwierigkeiten in fremden Sprachen oder dem ahnungslosen Vorbeileben an den Ereignissen der Zeit haben, sollen einige Stellen aus *Bernhard Waldenfels' Topographie des Fremden,* einer Abhandlung über Fremdheit, Fremdsein und Fremdwerden, vorangestellt werden.

Fremdwerden kann darin bestehen, daß ich, getragen durch eine Wir-Gruppe, die *Anderen* als Fremde erfahre, oder darin, daß ich *mich selbst* Anderen gegenüber als Fremder fühle (...). Die Richtungsdifferenz macht sich schon auf der Ebene sprachlicher Verständigung und institutioneller Sprachspiele bemerkbar. Wer spricht wessen Sprache, wer hält sich an wessen Spielregeln?[1]
Dialogisch gesprochen erscheint das Fremde als jenes, *worauf* wir antworten, wenn wir etwas sagen und tun. Es wirkt mit als Anspruch, Anruf, Anreiz, Anforderung oder Herausforderung, als Provokation im vielfältigen Sinne dieses Wortes.[2]
Solange wir fragen, *was* das Fremde ist und bedeutet, *wozu* es da ist und *woher* es kommt, ordnen wir es ein in ein Vorwissen oder Vorverständnis, ob wir es wollen oder nicht. Wir sind so bereits auf dem Weg des Begreifens, Verstehens und Erklärens, auf dem alles Fremde sich in etwas verwandelt, das *noch nicht* begriffen, verstanden oder erklärt ist, selbst wenn wir bereit sind, einen Rest von Unverständlichem, Unerklärlichem und Unerforschlichem zu dulden oder sogar zu verehren. Eine Xenologie, die sich auf diese Bahn begibt, entrinnt nicht dem Paradox eines sich selbst aufzehrenden Logos vom Fremden.[3]

Waldenfels setzt sich unter Einbeziehung der Arbeiten von Husserl, Merleau-Ponty, Gadamer und Lévi-Strauss, um neben vielen anderen nur diese Namen zu nennen, auf der philosophischen Ebene mit der Wahrnehmung, dem Erleben und schließlich der Überwindung von Fremdheit und Fremdsein auseinander und definiert seine wissenschaftliche Bearbeitung dieser Thematik als *Xenologie.* Meine Texte wollen konkrete Situationen aus eigenem oder berichtetem Fremdheitserleben wiedergeben; es sind Erfahrungsberichte, die selbst erlebte und mitgeteilte Befindlichkeiten beschreiben und mit dem von der Autorin im vorangehenden Text vorgeschlagenen Begriff der „*Xenästhesie*" - des „sich fremd Fühlens" - charakterisiert werden könnten.

Klaschketâa

„Nirgendwo ist man fremder als in Frankreich. –
Und dennoch, nirgendwo ist man *besser* Fremder als
in Frankreich"
Julia Kristeva, „Fremde sind wir uns selbst"

„Heute haben sie mich ‚*klaschketâa*' gefragt – was soll ich antworten?" stieß das Kind aufgeregt und atemlos hervor, da es den Heimweg von der Schule in der knapp bemessenen Mittagspause üblicherweise im Laufschritt zurücklegte. Die Angesprochene würdigte es kaum eines Blicks, viel zu beschäftigt mit der eiligen Zubereitung eines Mittagessens und behindert durch eine fortgeschrittene Schwangerschaft.

„Was heißt ‚*klaschketâa*'?" wiederholte das Kind seine Frage und versuchte, mit Nachdruck, die Aufmerksamkeit seiner Mutter auf sein Problem zu lenken.

„Was sagen sie zu dir? – *kalkschatta?*" fragte diese, zerstreut und mit einer gewissen Unwilligkeit in der Stimme.

„Sie sagen ‚*klasch-ke-tâa*' und ich glaube, sie haben mich etwas gefragt, weil sie das immer wieder gesagt haben und dabei mit den Fingern so komische Zeichen gemacht haben, als ob sie zählen wollten."

„Also", beendete die Frau das Gespräch, „das Wort heißt gar nichts. Das hast du entweder falsch verstanden oder sie haben sich über dich lustig gemacht."

Was die Kinder, mit denen die kleine Österreicherin an den meisten Tagen einen Teil des Schulwegs zurücklegte, von ihr wissen wollten, konnte damals nicht sofort eruiert werden. Die Frage wurde fallen gelassen und es traten andere Fragen an ihre Stelle, die das Kind ebenso wenig verstand oder beantworten konnte, denn es befand sich seit einigen Wochen in einem fremden Land, in dem fremde

Menschen eine fremde Sprache sprachen. Auch hatte man ihm seinen ihm vertrauten Namen genommen und ihn, in kultureller Anpassungsabsicht, durch die im fremden Land übliche Diktion ersetzt. Es ging in eine fremde Schule, hatte fremde Schulbücher bekommen und musste lernen, statt auf Papier, auf einer Schiefertafel zu schreiben, mit Griffeln, die entweder so hart waren, dass sie die Tafel zerkratzten und man die Spuren des Geschriebenen nicht wieder ganz löschen konnte oder viel zu weich, so dass sie bei der geringsten kalligraphischen Anstrengung der richtigen Unterscheidung der „*pleins*“ und der „*déliés*“ – der Schatten- und Haarstriche – abbrachen: Es lebte seit einigen Wochen in Frankreich, im Land der Sieger, aber auch im Land der Feinde. Zwei Jahre nach dem Ende des Zweiten Weltkriegs war es von seiner Mutter, die 1945 durch die Ehe mit einem Franzosen französische Staatsbürgerin geworden und in eine französische Kleinstadt ländlichen Zuschnitts im *Pas-de-Calais* gezogen war, nach Frankreich geholt worden und sollte sich nun, möglichst rasch, in seiner neuen Lage zurecht finden.

Zwei Wochen nachdem es nach Frankreich gekommen war und nun in dem Haus lebte, das die neue Familie beherbergte und eine halbe Gehstunde von dem für seine Fliesen- und Fayencenerzeugung bekannten Städtchen *D.* entfernt lag, genoss es anfänglich die einem Stadtkind unbekannte Freiheit eines weitläufigen Hauses mit vielen Räumen und eines daran angrenzenden und wild wuchernden Obst- und Gemüsegartens. Dann aber wurde es von seiner Mutter in die Schule geführt, die damals in Frankreich erst Mitte September begann, denn viele Kinder wurden bis in den frühen Herbst hinein als Familienarbeitskräfte in der Landwirtschaft gebraucht. Da man, zu Recht, befürchten musste, dass ein Kind deutscher Muttersprache und des Französischen unkundig, zwei Jahre nach dem Ende des Zweiten Weltkrieges, von seinen französischen Mitschülern nicht nur Gutes zu erwarten hatte, war die Wahl auf eine kleine, konfessionelle Schule gefallen, eine sogenannte *„école libre"*, die von einer überschaubaren Zahl von Schülerinnen besucht wurde. Der Freiheitsraum der *école libre* bestand darin, dass der Religionsunterricht zwar am unterrichtsfreien Donnerstag außerhalb des Schulgebäudes in den Räumlichkeiten der Pfarrkirche von *D.* abgehalten wurde, sein Besuch aber absolute Pflicht war. Außerdem mussten die Eltern der Schülerinnen monatlich einen wenn auch bescheidenen Beitrag für Unterrichtsmaterial an die Klassenlehrerin entrichten.

Die Schule bestand aus zwei Stockwerken in einem sonst ganz unauffälligen, alten Haus in einer versteckten Gasse nahe dem Stadtkern von *D.*; jedes Stockwerk bot Raum für zwei Klassenzimmer und jeder Klassenraum beherbergte zwei Schulklassen, die jeweils gemeinsam von einer Lehrerin betreut wurden. Der Unterrichtsstoff war identisch mit dem der *„école laïque"*, der öffentlichen Schule, die allerdings Einzelklassen führte und ein ausladendes Gebäude am Hauptplatz von *D.* beanspruchte. Mit den Schülern und Schülerinnen der staatlichen Schule aber hatten die Schulmädchen der *école libre* keine Berührungspunkte – im Gegenteil, in kindlicher Gläubigkeit sah man in ihnen unglückliche Heiden, die ihrer sicheren, laizistischen Verdammnis entgegenlernten und deren Gesellschaft zu meiden war, während die Schülerinnen der *école libre*, dank ihres Donnerstagopfers und des regelmäßigen Besuchs des *catéchisme* – die Nachkriegsbezeichnung für den kirchlich organisierten und betreuten Religionsunterricht – sich schon frühzeitig ihren Platz bei den Seligen und Heiligen im Himmel sicherten.

All dies sollte dem Kind aber erst nach und nach ins Bewusstsein sickern. Zuerst einmal galt es auf dem Weg dessen, was man die *extraverbale* Kommunikation nennt, die Absichten und Aufgabenstellungen zu erahnen und den kleinen und eher formalistischen Grundwortschatz, über den es verfügte, zur Bewältigung des Schulalltags einzusetzen. Mit seiner Mutter hatte es die französischen

Zahlen eingeübt und an der Rechenfreudigkeit der französischen Zählweise seinen Spaß gehabt und im übrigen nur einige Kommandos der im gemeinsamen Haushalt lebenden Stiefgroßmutter zu befolgen gelernt, von denen einige in seinen Ohren einen geradezu *älplerischen* Beiklang bekamen: Die unmissverständliche Aufforderung *„Allez, allez - sortez, toutes les deux - et vite!“*[4], mit der die neue Großmutter die lärmenden Kinder aus der Küche in den Hof verjagte, erinnerte das Kind an den ihm aus Volksliedern bekannten Jodellaut „Dulljöh!“ und wies ihm einen scheinbar kurzen Weg zum Verständnis der neuen Familiensprache. Seine Mutter hatte ihm ein kleines Langenscheidt-Taschenwörterbuch in die Hand gegeben, das ihr selbst, früher einmal, zur Verständigung im fremden Land gedient hatte. So gelang es dem Kind beim Versuch Texte, die nur aus unbekannten Wörtern bestanden, zu entziffern, nach langem Suchen im Labyrinth der Wortverbindungen, herauszufinden, dass *„coquelicot“*, ein französisches Wort das ihm so gut gefallen hatte, im Deutschen „Klatschmohn“ hieß, worunter es sich rein gar nichts vorstellen konnte und dass hingegen dem Wort *„veló“*, das die Nachbarskinder eindeutig zu dem sagten, was im Deutschen ein Fahrrad war, vom Langenscheidt-Verlag die Aufnahme ins Wortverzeichnis versagt geblieben war. Es entstand rudimentär und intuitiv ein Bewusstsein der Tatsache, dass Wörterbücher nur jenen von Nutzen sind, die eine fremde Sprache ohnehin beherrschen und nur Variation oder Vergewisserung suchen.

In der Schule wurde dem Kind von der Lehrerin anfänglich Schonung zuteil: Es musste auf seinem Platz still sitzen – wie alle anderen Schülerinnen auch – und einzelne Buchstaben und danach Wörter, deren Sinn ihm fremd blieb, in das Schulaufgabenheft schreiben, auf Zeilen, die es an jene Notenlinien erinnerten, auf denen es früher, unter der Anleitung seiner Großmutter, recht erfolglos leichte Stückchen auf dem Klavier abzulesen versucht hatte. Die

Genauigkeit der Größe, die den einzelnen Buchstaben zugeordnet wurde, die Überlegenheit des „b" über das „t", das an der vorletzten Linie enden musste, während das „b" darüber hinauszuwachsen hatte, bis an den Rand der schriftbegrenzenden Zeile, stellten es vor neue Herausforderungen, die es über seine Unfähigkeit zu verstehen und sich auszudrücken hinwegtrösteten. Vollends beglückten es die Zahlen, denn diese konnte es benennen und außerdem wurden sie genau wie im Deutschen geschrieben und die einfacheren der Grundrechenarten wurden in beiden Sprachen gleich ausgeführt; schwieriger waren da schon die Multiplikationen, die anders angeschrieben wurden und erst recht die Divisionen, zu deren Bewältigung ganze Litaneien von jeweils durchgeführten Kopfrechnungen zu rezitieren waren. Das phonetisch richtige Lesen mit lauter Stimme hingegen konnte es im Schutz des damals üblichen, lauthals von der gesamten Klasse praktizierten und einer ganz typischen Melodik unterworfenen Buchstabierens lernen, bei dem die Buchstaben jeder Silbe zuerst einzeln, danach als Silbe und zuletzt als ganzes Wort, im Singsang und dem von der Lehrerin vorgegebenen Rhythmus, skandiert wurden. Sollte etwa das Wort „*lecture*" buchstabiert werden, so hörte sich das in jeweils zwei Tonhöhen folgendermaßen an: „*l*" – „*e*" – „*c*" – lec – „*t*" – „*u*" – tu – „*r*" – „*e*" – re – l e c t u r e, dann holte die ganze Klasse kurz Atem und stürzte sich auf das nächste Wort und immer weiter im Text, oft eine Stunde lang – an warmen Frühsommertagen, wenn die Klassenfenster offen standen, wogte der Buchstabiergesang hinaus auf die Gasse und die Vorübergehenden begannen sich im Rhythmus der Leseübung zu bewegen. Der Klassenlehrerin, die etwa fünfzig Schülerinnen in zwei Schulstufen zu betreuen hatte, ist es hoch anzurechnen, dass sie dieses anfänglich sprachlose Kind nicht sich selbst überlassen hatte, sondern sich nachdrücklich bemühte, es in den Regelunterricht einzubeziehen. So wurden dem Kind von Anfang an die „*devoirs*", die schriftlich vorzuweisenden Aufgaben, abverlangt; verschont blieb es vorläufig nur vom Aufsagen der „*leçons*", der von einem Schultag zum nächsten auswendig zu lernenden Teile des Unterrichtsstoffes.

So lernte das Kind, unter Mithilfe seiner Mutter, die fremde Sprache zuerst in ihrer Schriftform, die es anfänglich mit der Lautform überhaupt nicht verknüpfen konnte und es hatte während der ersten Monate seines Lebens in Frankreich das Gefühl, zwei verschiedene fremde Sprachen erlernen zu müssen, eine Schriftsprache, in der Kohärenz und Ordnung herrschten und eine gesprochene Sprache, die regellos, erratisch und grenzenlos beliebig war und deren Fixierung in der Schriftform ihm in dieser ersten Zeit in Frankreich nicht erkennbar schien. Als unter den von der Lehrerin ausgeteilten Schulbüchern eines war, auf dessen Buchdeckel eine alte Frau zu sehen war, die mit erhobenem Zeigefinger einem Mädchen und einem Buben daraus vorzulesen schien und das den Titel „*Livre de grammaire*" trug, meinte es voll Vorfreude, es handle sich um „Großmutters Buch" – *livre de grand-mère* – zwei Wörter, die es schon aus der Alltagssprache kannte, ohne die geringste Ahnung zu haben, wie die Wörter geschrieben wurden; es erwartete sich daher ein Buch voll mit Geschichten und Erzählungen und ahnte nicht, dass es den eigentlichen Schlüssel zur Überwindung seiner Sprachlosigkeit in der Hand hatte. Neben dem Erlernen der Regeln der französischen Grammatik waren es die erwähnten Buchstabierübungen, die Zusammenhänge zwischen geschriebenen und gesprochenen Wörtern aufzeigten und, etwas später, das Auswendiglernen der von Tag zu Tag aufgegebenen „*leçons*", eine Verpflichtung, von der es zu Beginn des Schulbesuchs ja dispensiert gewesen war.

Nach einigen Wochen der geistigen Untätigkeit setzte das Kind es sich aber in den Kopf, mit dem Auswendiglernen zu beginnen, sich französische Geographie, Naturkunde und Grammatikregeln in Form von Sprüchen, holprigen Versen oder einfachen Sachbeschreibungen als auswendig zu lernenden Merkstoff einzuprägen, wobei es, in der ersten Zeit, in einem ständigen und nur mit Hilfe seiner Mutter zu bestehenden Kampf mit Aussprache und Bedeutung des Lernstoffes befangen war. Nach und nach begann das Kind jedoch den Sinn der Wörter zu erkennen oder auch nur zu erfühlen, es verstand sie nicht alle, aber sie fügten sich doch irgendwie systematisch zueinander, gaben sich gegenseitig Bedeutung und die textbegleitenden Illustrationen taten ein Übriges. Und so lernte es *lesen,* - nicht bloß buchstabieren - und sich von Niedergeschriebenem mitreißen zu lassen, sich in fremde Welten entführen zu lassen und biographische Defizite durch das teilnehmende Erlesen fremder Schicksale zu kompensieren - eine Lust, die lebensbegleitend nach Erfüllung drängen sollte und die das Kind in der ihm noch nicht ganz vertrauten Sprache erstmals erlebte: Es begann alles zu lesen, was ihm in die Hände fiel, am liebsten Biographien berühmter Frauen und Abenteuergeschichten und es erlebte, wie neben dem kognitiven Zugang zur nun nicht mehr ganz fremden Sprache das intuitive, empathische Verstehen an Raum gewann.

War dem Kind die Integration in die Klassenarbeit dank der maßvoll gesteigerten Anforderungen, die seine Lehrerin an es stellte und der dadurch als erfolgreich erlebten Verbesserung seiner sprachlichen Fähigkeiten nach etwa drei Monaten gelungen, so stellte die soziale Eingliederung in die Klassengemeinschaft es vor ganz andere und weitaus diffizilere Probleme. Es war nicht nur das Fehlen der umgangssprachlichen Ausdrucksmöglichkeiten, die bewirkten, dass das Kind sich im Pausenhof immer in eine Ecke drückte und versuchte, nicht aufzufallen, es war auch sein völlig anderer sozialer Familienhintergrund, denn seine Eltern waren weder wohlhabende Bauern noch alteingesessene Industrielle der Region, die ihre Kinder lieber in die Privatschule schickten, aber auch keine Arbeiter oder Handwerker, die für ihre Kinder die etwas *bessere* Schule ausgesucht oder aus religiöser Überzeugung dem öffentlichen Schulwesen den Rücken gekehrt hatten; das größte Integrationshindernis aber stellte die Herkunft des Kindes dar, die Tatsache, dass es aus dem Land stammte, aus dem die Feinde Frankreichs hergekommen waren, die große Teile des Landes vier Jahre besetzt gehalten und die Verfolgung politischer Gegner, jüdischer Mitbürger oder Angehöriger anderer Minderheiten angestiftet oder zumindest ermöglicht hatten.

Während der Besetzung Frankreichs durch Truppen der deutschen Wehrmacht gab es vor allem in der *zone occupée*[5] zahlreiche Todesopfer unter politisch Andersdenkenden und die im Feld Gefallenen hatten ihre Kinder als Halbwaisen zurückgelassen. Um diesen Kindern, die einen oder beide Elternteile im Krieg verloren hatten, eine Zuflucht zu geben, war in einem weitläufigen Haus neben dem Schulgebäude der *école libre* in *D.* ein Waisenhaus eingerichtet worden, das von geistlichen Schwestern geführt wurde; diese Kinder besuchten ebenfalls die Schule im Nebenhaus und waren dem Kind gleich zu Beginn des Schuljahres wegen ihrer einheitlich dunkelblauen Schultracht aufgefallen.

Diesen Kindern, von denen vermutlich einige aus politisch engagierten und den verhassten Deutschen mit offener Ablehnung entgegentretenden Familien stammten, war die *Neue* ein Dorn im Auge. Man hatte dem Kind, vor Antritt seiner Reise nach Frankreich, zwar aufgetragen, es müsse sich immer als *autrichienne* – als Österreicherin – deklarieren, denn dann wäre es gleich viel beliebter, als wenn man es für eine Deutsche hielte; schon damals, zwei Jahre nach dem Ende des Naziregimes und in Kreisen der Opfer, log man sich schamlos in die eigene Tasche. Die Insassinnen des Waisenhauses aber, die die gleiche Klasse wie das Kind besuchten, verschworen sich gegen „*l'autre chienne*"[6]; sie nützten jede Unaufmerksamkeit der Lehrerin, um dem

Kind kleine Bosheiten und Quälereien, gegen die es sich weder verbal noch physisch zur Wehr setzen konnte, anzutun und vergällten ihm den Schulalltag.

Die Wende brachte ein Ereignis, das dem Kind providentiell erscheinen musste und es von diesem Augenblick an Schutz und Trost im Schoß der katholischen Kirche suchen ließ. An einem gewöhnlichen Schultag im Spätherbst 1947 betrat ein großer, schwarz gekleideter Mann die Schulklasse, besprach sich kurz mit der Lehrerin und stellte sich als der dem örtlichen Pfarrer als Religionslehrer zur Seite gestellte „*Abbé Wanderredenn*" vor – er war Niederländer und hieß tatsächlich *van der Heyden,* ein Name, der einem Geistlichen wohl ansteht. Er richtete zunächst das Wort an die Klassengemeinschaft und erläuterte die moralische Verpflichtung aller Schülerinnen der *école libre* zum freiwilligen, regelmäßigen Besuch des Religionsunterrichts am schulfreien Donnerstag in der Pfarrkirche. Dann aber wandte er sich in zwar nicht ganz akzentfreiem aber doch so verständlichem Deutsch an das Kind, fragte es nach Name und Herkunft, ließ es seine Geschichte erzählen und schenkte ihm, neben der Anerkennung, die ihm die direkte Anrede eines geistlichen Herrn in einer konfessionellen Schule ganz allgemein eingebracht hatte, auch eine Sprache – seine eigene – mit all ihren Ausdrucksmöglichkeiten zurück: das Kind erschien seinen Mitschülerinnen nun nicht mehr als stumm und blöde – es konnte sich vielmehr mit dem *Abbé* in einer Sprache unterhalten, die die anderen nicht verstanden und sich so einen Kommunikationsvorteil verschaffen; es hatte jemanden, der gegebenenfalls für es sprechen würde und dem es seine Nöte anvertrauen konnte.

Ab diesem Zeitpunkt kam ein sich selbst verstärkender, dynamischer Prozess in Gang, in dem Verstehen und Gebrauch des Französischen in Wort und Schrift in Fluss kamen. Das Kind lernte im Pausenhof die Spiele und Auszählreime der Gleichaltrigen, da es von ihnen nicht mehr gemieden wurde und es versuchte im Unterricht den ureigenen französischen Kultur- und Bildungskonzepten zu entsprechen. Im Dezember 1947 wurde es erstmals in die Monatsklassifikation – Schulnachrichten wurden den Eltern monatlich mitgeteilt – aufgenommen: Es hatte den 9. Platz in einer Klasse von 27 Kindern erreicht. Schulnoten bewerteten nicht Einzelleistungen, sondern wurden in jenen Jahren im französischen Schulsystem als Durchschnittswert aller Einzelnoten ausgedrückt und gaben die Rangordnung innerhalb der Schulklasse gemessen an den schulischen Leistungen wieder. Dieser erste Erfolg musste den Ehrgeiz des Kindes angefeuert haben, denn im Januar des Folgejahres konnte es sich mit seinen Schulleistungen an die Spitze der Klasse stellen und hielt diese Position inne, solange es in Frankreich blieb; von den Lehrerinnen, denen es bis heute ein ehrendes und dankbares Gedenken bewahrt, wurde es gerne als gelungener Beitrag zur kulturellen Integration und als Beweis der intellektuellen Überlegenheit des französischen Bildungswesens bei Schulinspektionen vorgeführt – aber war es das wirklich? Handelte es sich nicht einfach um eine Art von Mimikry, eine Form der Anpassung aus Gründen des Selbstschutzes, um die Erfüllung des tiefsitzenden Wunsches nach Überwindung des Fremdseins und die Sehnsucht nach Integration in die soziale Umwelt?

Schließlich konnte auch das Rätsel der Frage gelöst werden, die das Kind so sehr beunruhigt hatte und die doch, selbst mit seinen damals noch rudimentären sprachlichen Ausdrucksmöglichkeiten, ganz leicht hätte beantwortet werden können – man hatte es nach seinem Alter gefragt – „*Quel âge que tu as ?*“ in der etwas breiten, für die Picardie typischen Aussprache zu einem Lautkonglomerat verzerrt, das ohne Kontext selbst für jemanden, der das Französische recht gut beherrschte, unverständlich bleiben musste. Aber so fremd klang in den verschlossenen Ohren des Kindes in der ersten Zeit seines Lebens in Frankreich eben alles, was man zu ihm sagte.

Stadt – Land

Der Herbst des Jahres 1945 war für Kinder in Wien keine gute Zeit. Nicht dass die Zeit für die Erwachsenen um so vieles besser gewesen wäre, doch hatten diese das Gefühl, es müsse wieder aufwärts gehen, ihre Lebenssituation müsse sich wieder festigen, die öffentliche Infrastruktur sollte irgendwann wieder funktionieren, ebenso wie die Versorgung der Bevölkerung mit dem Nötigsten. Die Kinder aber, die auf diese Tröstungen des Verstandes und der Lebenserfahrung nicht zurückgreifen konnten, da die meisten von ihnen nichts anderes als kriegsbedingte Not oder zumindest Einschränkungen kennen gelernt hatten, litten an allen nur denkbaren Kriegsfolgen: tiefverwurzelte Ängste durch Tage und Nächte in Bombenkellern, Mangelernährung, Verlust eines oder beider Elternteile, Vertreibung aus der gewohnten Umgebung und was an Unglück sonst noch in jener Zeit geschah und von den Betroffenen fast schon als Alltäglichkeit hingenommen wurde.

Für einige dieser Kinder wurde nach dem Ende des Sommers 1945 durch die Bemühungen einer karitativen Organisation die Möglichkeit eines mehrwöchigen Erholungsaufenthalts bei Bauernfamilien auf dem von den Kriegsfolgen weit weniger betroffenen Land in der Nähe Wiens geboten. Ich war eines dieser Kinder und wurde im September 1945 – die Schule hatte mangels entsprechender Strukturen und einer ausreichenden Zahl von Lehrern noch nicht begonnen – von einer Weinbauernfamilie im Burgenland für ein paar Wochen aufgenommen; der Name des Ortes ebenso wie der der Familie, die mir mit großem Verständnis und herzlicher Liebenswürdigkeit und Güte entgegenkam, ist mir leider entfallen.

Es war schon dunkel, als die Gruppe von „Wiener Erholungskindern“ in dem burgenländischen Dorf ankam und die Kinder einzeln den Gastfamilien von einer Fürsorgerin zugeführt wurden. Ich sah mich unvermittelt und ein bisschen verängstigt im Kreis von etwa zehn Erwachsenen, die ihr Nachtmahl schon verzehrt hatten und erwartungsvoll um einen großen Tisch saßen. Sie lachten mir aufmunternd zu, sagten etwas zu mir, das wohl ein Willkommensgruß sein musste aber in der dialektalen Färbung vorerst für mich unverständlich blieb, machten am Familientisch eine Schmalseite frei, wiesen mir einen Platz an und setzten mir einen Teller mit „*Milchschmarren*“ vor, für ein ausgehungertes Stadtkind eine damals unvorstellbare Köstlichkeit. Schweigend und mit Befriedigung sahen sie zu, wie ich mich lustvoll an die Bewältigung des Nachtmahls machte und mich bemühte halbwegs manierlich zu essen.

Die Familie oder, besser gesagt, die Hofgemeinschaft umfasste das Elternpaar, ihre vier erwachsenen Kinder, einen oder zwei Schmiedegesellen und ein Dienstbotenehepaar. Die Frau war die „Bäuerin“ und stand dem Hof und dem Weingartenbetrieb vor, der Mann war der Schmied des Dorfes und betrieb dieses Handwerk mit einem Gesellen und einem oder zwei seiner drei erwachsenen Söhne. Das Zimmer teilte ich mit einer jungen Frau, der Tochter der Bauernfamilie, die nach einigen gemeinsam verbrachten Nächten meinte, sie wache in der Nacht immer wieder auf, weil ich – offenbar im Schlaf – ganz laut mit den Zähnen knirsche; anfangs habe sie sich richtig vor mir gefürchtet, doch da es die einzige von der Gastfamilie als sonderbar und befremdlich angesehene Lebensäußerung blieb, wurde darüber nicht mehr gesprochen; vielleicht lösten sich in der sorglosen, aber von intensiver Aktivität erfüllten Atmosphäre dieser Bauern- und Handwerkerfamilie auch die kriegs- und verfolgungsbedingten Verkrampfungen des kindlichen Gemüts.

Meine Tage vergingen wie im Flug, erfüllt von steter Betriebsamkeit, denn ich durfte, nach anfänglichem bloßen Zuschauen, bald nahezu überall mit Hand anlegen: Mit der Bäuerin, deren Sprech- und Ausdrucksweise ich am besten verstand, ging es in aller Frühe ans Hühner- und Entenfüttern und nach kurzer Zeit liefen mir einige der jungen Hühnchen wie zahm geworden zu. Danach mussten, in allen erdenklichen Schlupfwinkeln eines weitläufigen Hofes, die frisch gelegten Eier gesucht werden, manchmal indem man eine Henne, die ihr Nest nicht preisgeben wollte, mit einer typischen Scheuchbewegung vertrieb, eine Geste, die ich rasch von der Bäuerin lernen sollte; das haptische Vergnügen, mit bloßen Händen die noch warmen Eier aus dem Gelege zu holen, ist mir heute noch gegenwärtig. Etwas später wurden die ersten Ackergäule von ihren Besitzern beim Tor hereingeführt, in die Schmiede, in meiner Erinnerung ein zum Hof hin offener Raum, in dem zwei oder drei Pferde nebeneinander stehend Platz fanden; zur hinteren Wand zu befand sich die Esse, in der ein mannshohes Feuer am Lodern gehalten wurde, solange das Beschlagen dauerte. Allzu nah durfte ich nicht herangehen, wenn den Pferden die alten Eisen abgenommen und die Rinne für die Befestigung der neuen, frisch geschmiedeten und in kaltem Wasser kurz abgeschreckten Eisen in die Hufe hineingestemmt wurde – der Schmied und seine Gesellen warfen einander dann Kommandos zu, die offenbar von den Pferden in ihrer Bedeutung ebenso verstanden wurden wie von ihren menschlichen Begleitern, deren Lautbild ich aber in ihrem für meine Ohren fremden Klang nicht einzuordnen wusste. Auch war ich mir nie sicher, ob die Pferde nicht doch das Beschlagen als schmerzhaft empfanden, vor allem, wenn die im Inneren noch glühenden Eisen an die Hufe angepasst und die erhitzten, geschmiedeten Nägel tief in die Hornschicht der Hufe hineingetrieben wurden. Doch die Bauern des Ortes hatten, ebenso wie der Schmied und seine Gesellen, hinlänglich Erfahrung und wussten auch junge oder ängstliche Tiere mit besonderer Ruhe und gutem Zuspruch zu behandeln.

Da die burgenländische Gastfamilie auch einige Weinberge besaß und mein Aufenthalt in ihrem Kreis, wie schon erwähnt, in den Monat September gefallen war, wurde ich zur gerade einsetzenden Weinlese mitgenommen. Die geernteten Trauben wurden in „Butten" – auf dem Rücken zu tragende große Körbe – zu einem auf einem Pferdefuhrwerk stehenden großen Bottich gebracht, hineingekippt und Kinder benachbarter Familien, darunter auch einige Wiener Erholungskinder, wurden eingeladen, mit mir in den bis zur Hälfte mit Trauben gefüllten Bottich zu steigen – wir liefen damals ja alle bloßfüßig – und die Trauben zu zertreten. Wir Kinder empfanden diese Aufgabe als überaus anregend und ließen den Traubensaft zwischen den Zehen herausspritzen; von den Erwachsenen, die unsere Tätigkeit als sehr nützlich bezeichneten, wurden wir für unser Tun auch noch gelobt, da auf diese Weise das Fassungsvermögen des etwa zwei Meter im Durchmesser messenden Bottichs deutlich erhöht wurde. Auch begannen wir Lebensretter zu spielen und insbesondere Marienkäfer aber auch anderes, mit den Trauben mitgeerntetes, kleines Getier zu retten.

Einmal allerdings wurde mir der Zutritt zu einem Ereignis, das im langgezogenen Hof des Bauernhauses stattfinden sollte, verwehrt: Es war am Vormittag eines hellen Frühherbsttages, als ein Schwein geschlachtet werden sollte. Da ich jedes Mal am Samstag dabei sein durfte, wenn das Geflügel ausgewählt wurde, das als

Sonntagsbraten auf den Tisch kommen sollte und miterlebte wie die Bäuerin mit einem kurzen, scharfen Schnitt in den Hals das Tier tötete – und ich manchmal sogar ein bisschen Schicksal spielte, da ich sagen durfte, welches Tier diese Woche nicht gegessen werden sollte – erfüllte mich die Entfernung vom Ort des erwähnten spektakulären Geschehens mit zwiespältigen Gefühlen. Einerseits vermutete ich, dass es wohl ein grausames Schauspiel sein würde, nur hatte ich zu den Schweinen im Stall ohnehin kein so vertrautes Verhältnis, wie zu den Tieren des Hühnerhofs oder zu den Pferden in der Schmiede; andererseits empfand ich es als einen Akt der Ausgrenzung und Kränkung mir, dem fremden Kind, gegenüber: Ich sollte an einer Handlung, die im Leben der Familie, in die ich nun auch schon ein bisschen hineingewachsen war, als selbstverständlich und notwendig galt, nicht teilhaben, obwohl ich ja doch hören konnte, wie verzweifelt das Schwein quiekte und versuchte, mit letzter Kraft seinen „*Schergen*" zu entkommen. Hätte man mich bei der Schlachtung des Schweins zuschauen lassen, wäre es, vielleicht, einige Tage später, nicht zu dem Vorfall gekommen, dessen bloße Erinnerung mich heute noch mit Gefühlen der Scham und Traurigkeit erfüllt.

Es war am Morgen eines der darauffolgenden Tage, ich trank gerade meinen Frühstückskaffee, als eine der Katzen ein kleines Etwas, das wie eine gefleckte Maus aussah, in die Küche brachte und der Bäuerin vor die Füße legte, sich daneben hinsetzte und mit still in sich gekehrtem Blick abwartete. Die Bäuerin erklärte mir, was hier vorgefallen war: Eine der vier Katzen des Bauernhofes hatte Junge bekommen und wusste, aus der Erfahrung früherer Jahre, dass man sie ihr wegnehmen würde – nun bat sie um das eine Junge, das sie der Bäuerin vor die Füße gelegt hatte, nur eines wollte sie behalten dürfen.

Ich glaube, man hat der Katze das eine Junge gelassen, doch ist an diesem Punkt meine Erinnerung nicht mehr ganz zuverlässig; genau jedoch kann ich mich an die mir bis heute schwer auf der Seele lastende Fortsetzung dieser Geschichte erinnern. Sofort nach Beendigung des Frühstücks wurde der Platz gesucht und gefunden, an dem die Katzenmutter ihre Jungen versteckt hatte und einer der erwachsenen Söhne machte sich daran, mit der großen Schmiedezange, mit der üblicherweise die Hufeisen ins Feuer gehalten wurden, ein Kätzchen nach dem anderen zu fassen und in einem kleinen Rinnsal, das den Gemüsegarten durchquerte, zu ertränken. Die blinden Kätzchen waren so schwach, dass sie sich kaum zur Wehr setzten; sie starben nach kurzem Todeskampf und wurden in ein mit meiner Beihilfe ausgehobenes kleines Grab im hinteren Teil des Hofes gelegt. Nachdem zwei oder drei der kleinen Katzen auf diese Weise getötet worden waren, bat ich, es auch einmal versuchen zu dürfen – ich glaube, ich wollte den Bauersleuten und auch mir selbst beweisen, dass ich dazu imstande wäre und dass ich durch den Vollzug notwendiger Grausamkeit stärker zu ihnen gehören und nicht mehr als das *fremde* Kind angesehen würde. Ich tötete, so wie der Sohn des Bauern es vor mir getan hatte, die restlichen neugeborenen Katzen, fühlte kein Mitleid mit den kleinen, hilflosen Tieren und erwartete mir ein Lob von den anwesenden und erstaunt zusehenden Familienmitgliedern, da ich nur etwas getan hatte, das getan werden musste, wie mir die Bäuerin gleich beim Frühstück, klar und deutlich, erklärt hatte, denn es gab auf dem Bauernhof schon vier Katzen und für mehr war kein Platz.

In den Blicken der Erwachsenen aber sah ich Befremden und Abwendung, eine Spannung, die sich auch dann nicht löste, als ich, in das betretene Schweigen hinein, mit versöhnlicher Stimme, verkündete. *„Ich gehe jetzt Blumen pflücken, um sie auf das Grab zu legen!“* – Ausdruck eines kindlichen Unrechtsbewusstseins, von dem ich mich durch eine rituelle Handlung befreien wollte ?

Die Tatsache, dass mir bis heute, mehr als sechzig Jahre danach, die einzelnen Phasen dieser Tat, das Bild der jungen Katzen, der Gesichtsausdruck der umstehenden Erwachsenen und mein Versuch eskapistischer Wiedergutmachung durch den Anschein der Totenehrung, so deutlich im Gedächtnis geblieben sind, lässt mich vermuten, dass der Druck ambivalenter Gefühle - der Wunsch, das Richtige zu tun auch wenn es unethisch ist einerseits, die Integration in die Gruppe durch die Erfüllung vermeintlicher Erwartungshaltungen andererseits - nicht nur in meiner kindlichen Vorstellung, sondern ganz allgemein zu lebenslang nachwirkendem Unrechtsbewusstsein führte. Als ich viel später, als junge Erwachsene, Ende der 60er Jahre des vorigen Jahrhunderts, von dem berühmt-berüchtigten *Milgram-Lernexperiment* erfuhr, in dem es darum ging, dass unter der Autorität eines Versuchsleiters Versuchspersonen mit angeblichem Lernversagen von anderen Versuchspersonen mit immer höheren Stromstößen „bestraft" wurden und nur etwa ein Drittel der sogenannten *Lehrer* sich gegen die Autorität des Versuchsleiters auflehnten und sich weigerten, das Experiment zu Ende zu führen, da sie im Rahmen der Versuchsanordnung annehmen mussten, der zu „bestrafende" *Schüler* könnte das Experiment nicht überleben, da musste ich mit Schaudern an die Tötung der neugeborenen Kätzchen denken, an meine Rolle dabei und daran, wie willig, ja geradezu bereitwillig und ohne Aufforderung ich mich für die Ausführung dieser Tat zur Verfügung gestellt hatte.

Nur zwei Monate nach dem Ende dieses Landaufenthalts sollte ich mich wieder in der *Fremde* - am Land - befinden, für ungewisse Zeit, in einem kleinen, oberösterreichischen Dorf. Meine Mutter war im Frühwinter 1945 mit ihrem französischen Ehemann und dem gemeinsamen sechs Monate altem Kind Richtung Frankreich gefahren und hatte mich, da man in jenen Tagen nie mit Sicherheit wissen konnte, ob man ein Reiseziel auch wirklich erreichte, unterwegs der Obhut ihrer Schwester anvertraut. Diese lebte seit kurzem mit ihrem eigenen Kind in *F.*, einem kleinen oberösterreichischen Dorf, im sogenannten „*Armenhäusl*“, einem schlichten zweistöckigen Haus am Ortsrand, das die Gemeinde des Ortes ihren Bediensteten, aber auch tatsächlich Bedürftigen, als Wohnmöglichkeit zur Verfügung stellte. Da sie als Gemeindesekretärin tätig war, blieben wir Kinder, ihre Tochter und ich, uns häufig selbst überlassen, wobei der Schulbesuch meinen Tagen Ziel und Struktur gab – meine Kusine, damals noch keine sechs Jahre alt, genoss die Freiheit des Lebens auf dem Land, das von dem in der Stadt völlig verschieden war.

Alles was ich bis dahin zur Bewältigung des Alltags gelernt hatte, die Benützung des Trottoirs, die Überquerung von verkehrsreichen Straßen, die Rücksichtnahme auf andere Passanten, das Verhalten in öffentlichen Parks wurde unter den Bedingungen des Lebens im Dorf hinfällig und bedeutungslos. Auf der anderen Seite fehlten mir jene Kenntnisse und Fähigkeiten, auf die es am Land ankommt, denn ich konnte nicht unbeschwert mit jedem, dem man begegnete, ein Gespräch beginnen, umso mehr als ich ganz anders sprach als die Menschen dieser Gegend und galt bei den Dorfbewohnern als verschlossen und verstört. Auch hatte ich Angst vor Hunden, die am Land niemand an der Leine führte, wie ich das in der Stadt gewohnt war und ich hatte Angst vor Tieren, die in Gruppen oder Herden auftraten, vor dem Schwarm Gänse, die die Dorfstraße hinunter schnatterten und feindselig zischten, wenn man vorüber gehen wollte, vor den Kühen auf den Wiesen, die wir überqueren mussten um zu einem bestimmten Hof zu gelangen, von wo wir Milch oder Eier holen sollten. Vor allem aber hatte ich Angst vor den Kindern des Dorfes, für die ich die „*Stâdtische*“, die Fremde aus der Stadt war und von deren oft heftigen und derben Spielen ich systematisch ausgeschlossen blieb. Der einzige Ort, an dem ich mich heimisch fühlte und an dem ich mich richtig zu verhalten wusste, war die Schule. Es war zwar eine einklassige Dorfschule, in der alle Kinder des Ortes von sechs bis vierzehn, ja sogar sechzehn Jahren – eines der Mädchen der letzten Schulklasse war schon verlobt und sollte bald heiraten – von einem einzigen Lehrer unterrichtet wurden, aber es galten dort die Gesetze geregelten Schulbetriebs und vorhersehbare Anforderungen, die mir aus der Zeit meines ersten Schuljahres in Wien geläufig waren.

So blieb ich für die Dauer meines zweiten Schuljahres, außerhalb der Unterrichtszeiten, meiner Umgebung fremd, wenn es auch, aus heutiger Sicht, gerade im Hungerwinter 1945/46, für mich eine glückliche Fügung gewesen war, diese Zeit am Land verbringen zu können; es fehlte zwar in ländlichen Gegenden auch an vielem, vor allem wenn man nach städtischen Ernährungsgewohnheiten lebte, aber es gab doch immer wieder Möglichkeiten etwas Essbares zu organisieren, es außerhalb der engen Konsumgrenzen der Lebensmittelrationierung zu beschaffen, so dass der Tisch am Land etwas besser gedeckt war als in der Stadt. Als ich im Herbst 1946 wieder nach Wien zurückkehren konnte, in die mir vertraute Umgebung und in die Lebensverhältnisse, die zwar karg und von Nachkriegseinschränkungen geprägt aber doch so geregelt waren, wie ich das von jeher gewohnt war, fühlte ich große, kindliche Erleichterung. Damals ahnte ich noch nicht, wie viel „Fremdsein“ ich in den darauf folgenden Jahren erleben sollte.

Biarritz, Sommer 1943

Wir fahren durch Deutschland, mein Kind.
Und es ist Nacht.
Die Toten klagen im Wind –
und niemand ist aufgewacht ...
(Auschwitz Gedichte, Siegfried Einstein, 1945/1993, 58)

In meiner Erinnerung wende ich den Kopf ab, um die Augen vor der blendend heißen Nachtmittagssonne zu schützen, die die Trennlinie des Horizonts auflöst, dort wo Luft und Wasser ineinander übergehen; unter meinen Füßen spüre ich im lauen Meer den feinen Sand, der noch den Abdruck der Wellen trägt – *Biarritz* im August 1943. Wie war es möglich gewesen, in einer Zeit mitten im Krieg, unter dem Terror der zwar noch bestehenden Nazi-Herrschaft, deren Zusammenbruch sich jedoch schon ankündigte, Kindheitserinnerungen an Sonne, Sand und Meer zu knüpfen? Die Armeen der Alliierten hatten, von Afrika kommend, Sizilien erobert und sich den Weg nach Europa von Süden her gebahnt; im Osten war die deutsche Offensive bei *Kursk* zum Stillstand gekommen und die „Ostfront" zusammengebrochen; britische und amerikanische Luftstreitkräfte antworteten auf die deutschen Luftangriffe und breiteten Bombenteppiche über deutsche Städte aus, die Royal Air Force flog in der Nacht zum 18. August 1943 – einem strahlend heißen Sommertag an dem in meiner kindlichen Erinnerung sich endlos dehnenden Sandstrand an der Atlantikküste – den Angriff auf die deutsche Raketenversuchsanstalt Peenemünde: Der Flächenbrand, den ein verbrecherisches Regime angefacht hatte, griff auf ganz Europa über.

In Frankreich aber standen, bis zum November 1942, die Bewohner der „*zone nono*"[1] – der nicht-okkupierten Zone – jenen der von Nazi-Deutschland besetzten Gebiete, die drei Fünftel des französischen Territoriums umfassten, gegenüber und versuchten, jeweils unter Zuhilfenahme aller nur erdenklichen „Ersatzprodukte“, die in ihrer Summe das bis heute unter dieser Bezeichnung in Frankreich allgemein bekannte „*système D*“[2] bildeten, zu überleben: Das offizielle Frankreich kollaborierte mit den Besatzern, die französische Bevölkerung aber hatte sich – gewissermaßen – aus dem politisch-militärischen Kräftespiel genommen und wartete sehnsuchtsvoll auf die Wiederherstellung der staatlichen Unabhängigkeit ihres Landes, ein Ziel für dessen baldige Erreichung sich vor allem jene, die ins *Maquis*[3] gegangen waren und sich der *Résistance* angeschlossen hatten, durch ihre politische Untergrundaktivität intensiv einsetzten.

Allerdings verhalf die Zeit der deutschen Besetzung großer Teile Frankreichs durch Truppen der deutschen Wehrmacht all jenen, die durch ihre berufliche Tätigkeit in den Einflussbereich deutscher Wehrmachtseinrichtungen gelangt waren, zu den Vorteilen, die sich üblicherweise aus der Zugehörigkeit zu einer Besatzungsmacht ziehen lassen. Meiner Mutter, von Beruf Schauspielerin, aber ohne feste Anstellung an einer österreichischen Bühne, war es irgendwie gelungen, ein Engagement als „jugendliche Naive“ am 1941 von den deutschen Besatzern geschaffenen *Deutschen Theater Lille*[4] zu erhalten, an dem vor allem Aufführungen deutscher Klassiker für in Frankreich stationierte Wehrmachtssoldaten angeboten wurden.

Die junge, österreichische Schauspielerin war nicht leichtfertig und schon gar nicht in der Absicht, einem von ihr in seinen Grundzügen als Unrechtsregime erkannten System zu dienen, in dieses Engagement gegangen, umso mehr als ihr damaliger Lebenspartner, ein junger Wiener Anwalt aus teiljüdischer Familie, sie vor die Wahl zwischen dem Vertrag am *Deutschen Theater Lille* und der Aufrechterhaltung ihrer Beziehung gestellt hatte. Die junge Frau aber dachte, als sie diese

Entscheidung traf, vor allem an ihr unversorgtes Kind und daran, dass sie als Angestellte des *Deutschen Theaters* in Lille Wehrmachtsangehörige sein würde und so ihren jüdischen Stiefvater besser vor der Verfolgung durch das Nazi-Regime würde schützen können[5]; so nahm sie das Vertragsangebot des Deutschen Theaters in *Lille* an.

Auch dieses Theater hatte Spielzeiten und schloss im Sommer seine Pforten; die Mitglieder der Truppe hatten Ferien und es lag nahe, ein Urlaubsziel an jenen Sonnenstränden zu suchen, die seit November 1942 ebenfalls im Einflussbereich der deutschen Wehrmacht lagen – *Biarritz* am Golf von Biskaya war zwar keinem der Ensemblemitglieder bekannt, aber vielleicht gerade deshalb die ersehnte Urlaubsdestination.

In meiner Erinnerung war alles groß und prachtvoll, das Hotel am Strand, der mir so weit erschien, dass man kaum von einem Ende zum anderen laufen konnte, der darüber ausgespannte augustblaue Himmel, das furchteinflößende hin- und herschwellende Wasser und das Rauschen des Atlantikwindes. Wie groß war doch meine Verblüffung, als ich etwa dreißig Jahre später *Biarritz* wieder aufsuchte und mich fragte, wo denn überhaupt das prunkvolle Hotel meiner Erinnerung gestanden haben mochte – ob es wohl dieses kleinbürgerlich anmutende Familienhotel am Rand der Bucht sein konnte, das mir seit damals, seit meiner Kindheit, als Prachtbau unvergesslich geblieben war ...

So erlebte ich im Sommer, der meinen vierten von meinem fünften Geburtstag trennte, die schönste Zeit meiner Kindheit, in einer Gruppe junger theater- und kulturbesessener, politisch jedoch zumeist völlig desinteressierter Männer und Frauen, die sich an diesem nahe der spanischen Grenze gelegenen und in jenem Jahr kaum von Franzosen frequentierten Nobelbadeort für drei Wochen eingefunden hatten. Sie schienen alle von den Kriegsereignissen wenig berührt, geschweige denn traumatisiert zu sein und profitierten von der

Langmut einer Bevölkerung, die sich mit der Präsenz feindlicher deutscher Truppen und Angehörigen des ohnehin ungeliebten und jetzt feindlichen Nachbarlandes auf großen Teilen des eigenen Territoriums – zumindest nach außen hin – abgefunden hatte. In meiner Erinnerung trugen die Kellner und sonstigen Bediensteten des Hotels stets ein ironisches Lächeln zur Schau und behandelten die deutschen Gäste mit großer Distanz, denn Unfreundlichkeit oder abweisendes Verhalten konnte man sich im okkupierten Frankreich den deutschen, beziehungsweise Deutsch sprechenden Gästen gegenüber nicht leisten; ihre scheinbar ehrerbietigen Mienen ließen jedoch nur zu deutlich auf die Verachtung schließen, die sie den Besatzern entgegenbrachten.

In dieser ambivalenten Atmosphäre von Missliebigkeit und Wohlbehagen verliefen die Tage in *Biarritz,* am Strand, der mir endlos weit erschien, am Wasser, das ich, wegen seiner Unstetigkeit, kaum zu befühlen wagte und in den Nächten begleitete das leise Schnarren der auf dem körnigen Sand auslaufenden Wellen mein Einschlafen in dem ungewohnt breiten Hotelbett.

Eines Tages stieß zu dieser Gruppe sorgloser und, wie man aus heutiger Sicht sagen muss, an ihrer Zeit ahnungslos vorbei lebender junger Menschen ein etwas älterer Mann, aus einer deutsch-französischen Familie stammend und von 1940 bis 1944 in *Lille* als juristischer Berater – „Kriegsverwaltungsrat" war die offizielle Bezeichnung seiner Aufgabenstellung – der deutschen Oberfeldkommandantur tätig. Er war der Freund und ständige Begleiter einer der jungen deutschen Schauspielerinnen, die am *Deutschen Theater Lille* im Engagement standen – aus den Aufzeichnungen meiner Mutter über die Zeit, die sie in *Lille* verbracht hatte, geht hervor, dass dieser Mann *Carlo Schmid* war; er hatte sich wohl für ein paar Tage von seinen beruflichen Aufgaben frei machen können. Vielleicht war sein Zusammentreffen mit der Gruppe fröhlich urlaubender Schauspielerkollegen auch nur ein Vorwand für einen Abstecher in den Süden Frankreichs, denn es gilt heute als gesichert, dass *Carlo Schmid*, der später, im Nachkriegsdeutschland eine beachtliche politische Karriere machen und im April 1945 einer der ersten Gesprächspartner der französischen Besatzungstruppen in seiner Heimatstadt Tübingen werden sollte, geheime und für ihn und seine in Deutschland lebende Familie durchaus existenzgefährdende Beziehungen zur französischen *Résistance* unterhalten hatte.[6]

Meinem kindlichen Verständnis blieben natürlich Sinn und Inhalt der Gespräche verschlossen, die die Erwachsenen während des gemeinsamen Abendessens und danach führten – in lebendiger Erinnerung aber ist mir, heute noch, die Veränderung im Ton der Unterhaltungen und im Mienenspiel, das die gewohnte Sorglosigkeit und heitere Leichtigkeit vermissen ließ. Die erwachsenen Personen um mich herum hörten aufmerksam zu, wenn *Carlo Schmid* sprach und ihre Züge drückten Sorge und, wie mir scheinen mochte, Angst aus: Dieser Mann in der grauen Wehrmachtsuniform schien sie alle, in seiner alters- und stellungsbedingten Überlegenheit, zu beeindrucken.

Heute weiß ich aus den Aufzeichnungen meiner Mutter und ihren wenigen noch vorhandenen Erinnerungseindrücken an diese Zeit, dass *Carlo Schmid* es war, der mit seinem Wissen um die Verbrechen der Nationalsozialisten und dem verzweifelten und in vielen Fällen hoffnungslosen Bemühen, selbst nicht schuldig zu werden, der politischen Ahnungslosigkeit, ja Indolenz kunstsinniger, theaterbegeisterter junger Menschen ein Ende bereitet hatte, indem er ihnen die Tatsachen des Krieges, die verbrecherische Politik seiner Drahtzieher und die Unausweichlichkeit der Niederlage und der

Abrechnung vor Augen geführt hatte. Dass es sich dabei um eine nachhaltige Einflussnahme und um die Erweckung eines politischen Bewusstseins handelte, entnehme ich den erwähnten Erinnerungen meiner Mutter, die sie viele Jahre später zu Papier gebracht hat: „... *Erst in Lille habe ich dann laufend Nachrichten gehört, notamment: Ici Londres. Erst dort habe ich diskutiert, zugehört, nicht glauben wollen ... Da war nicht nur der Kreis um Carlo Schmid, auch Kolleginnen, junge Leute in Uniform, usw. Erinnerst Du Dich an Carlo Schmid ?...*“

Ich erinnere mich tatsächlich an diesen korpulenten, laut sprechenden Mann, der in die sorglose Ferienidylle hereingebrochen war, ordne aber diese Begegnung – im Gegensatz zu meiner Mutter, die behauptet, das Zusammentreffen hätte schon in *Lille* stattgefunden, wo wir einige Tage bis zur Abreise nach *Biarritz* verbrachten – der Zeit am Meer zu. *Lille* verbleibt, in meiner Erinnerung, der Ort einer ganz anderen, menschlich zutiefst berührenden Begebenheit: Die Stadt *Lille* und das *Hotel Carlton*, in dem meiner Mutter für die Zeit ihres Engagements am *Deutschen Theater Lille* ein Zimmer zugewiesen worden war, atmeten, trotz kriegsbedingter Einschränkungen und den Belastungen eines rücksichtslosen Besatzungsregimes, für Menschen, die aus einem Land kamen, in dem seit Jahren kriegswirtschaftlicher Mangel herrschte, Reichtum, Fülle und Luxus aus. In *Lille* erlebte ich zum ersten Mal in meinem Leben die Kraft der Verführung, die von Kaufhäusern und der Mannigfaltigkeit ihres Warenangebots ausgeht. Ich durfte mir damals aus der Fülle des Dargebotenen etwas aussuchen, etwas nicht allzu Kostspieliges und wählte einen kleinen roten Gummiball, der schöner war als alle Bälle, die ich je besessen hatte. Auf den befestigten Wegen eines dem *Hotel Carlton* nahe gelegenen Parks schlug ich den Ball auf und konnte von seinen hohen Sprüngen nicht genug bekommen – der Ball hüpfte auf und ab und immer wieder verlor ich die Kontrolle über ihn – schließlich sprang er an das Bein eines auf einer Parkbank sitzenden Kriegsversehrten, an das eine, das ihm noch verblieben war. Der Mann, dem Aussehen nach Franzose, schien es nicht bemerkt zu haben, doch meine Mutter entschuldigte sich bei ihm und drohte mir, sie werde mir den wunderschönen, roten Ball wegnehmen, wenn ich nicht aufpassen könnte. Ich bemühte mich wirklich, die Bewegungen des springenden Balls zu zügeln, doch er hüpfte erratisch vor mir her und rollte nochmals auf den Kriegsinvaliden zu – der sah auf und sein Blick traf meine schreckgeweiteten Augen und er lächelte mich aus jungen, braunen, verständnisvollen Augen freundlich an, so als wollte er sagen: „Ist ja nichts passiert!" – es war das Versprechen einer Zukunft, die damals, im Krieg, in einem besetzten und von Naziterror beherrschten Land noch gar nicht denkbar war. Der junge französische Kriegsversehrte hat damals, im Sommer 1943, dem Kind einer Fremden, einer Angehörigen der deutschen Besatzer und Feinde, zugelächelt und so die Möglichkeit einer Zukunft aufgeschlossen, die heute Gegenwart ist.

Ob allerdings die, in meiner Erinnerung noch schemenhaft nachklingenden, ernsten Gespräche zwischen *Carlo Schmid* und den jungen Ensemblemitgliedern des *Deutschen Theaters Lille*, die in ihrem Inhalt für mich zwar unverständlich, in ihrer hochgradigen Emotionalität aber durchaus nachfühlbar waren, wie meine Mutter meint, in *Lille* im rotgoldenen Foyer des *Hotel Carlton* stattgefunden haben oder erst etwas später, in *Biarritz*, wo meine Erinnerung sie in den Ablauf der sorglosesten Ferientage meiner Kindheit einfügt, ist wahrscheinlich ohne Belang. Verstörend ist vielmehr, dass zur gleichen Zeit, im August 1943 – und dies sind nur einige der kriegsbegleitenden Gräuel – die Deportationen in die Vernichtungslager der Nazis mit unverminderter Intensität betrieben wurden, die Bevölkerung von Berlin aufgefordert worden war, die Stadt wegen der unausgesetzten Bombenangriffe zu evakuieren, Patienten psychiatrischer Anstalten zu Hunderten in den Euthanasie-Anstalten des Deutschen Reichs ermordet wurden und im Lager Theresienstadt ein Transport von über tausend halb verhungerten Kindern aus *Bialystok* eingetroffen war, die ihren im Ghetto verbliebenen Eltern mit dem trügerischen Versprechen abgenommen worden waren, sie „würden in die Schweiz verschickt werden"; tatsächlich blieb keines dieser Kinder am Leben – die meisten von ihnen wurden im Oktober des gleichen Jahres in den Gaskammern von Auschwitz ermordet und die wenigen, die dem Todestransport durch Zufall entronnen waren, wurden in Theresienstadt erschossen.

Dieses zeitgleiche Grauen war jedoch in jenen Tagen nicht einmal andeutungsweise in das Bewusstsein dieser Gruppe theaterbesessener und an Politik nicht sonderlich interessierter Zeitgenossen getreten, die, fremd in ihrer Zeit, wie in einer anderen Welt zu leben schienen. Selbst wenn heute diese damals jungen Menschen, wie überhaupt die meisten Angehörigen ihrer Generation, zur Rechtfertigung ihrer wenn schon nicht willfährigen, so doch unkritischen Haltung dem Nazi-Regime gegenüber, häufig ins Treffen führen, dass dieses Regime eine überaus wirksame und treffsichere Desinformationspolitik betrieb und die mediale Berichterstattung nur jene Fakten anführen konnte, die dem Regime genehm waren, kann das nur eingeschränkt für Menschen gelten, die über längere Zeit außerhalb des unmittelbaren Einflusses der deutschen Zensurbehörden lebten und, zumindest gelegentlich, Zugang zu ausländischen Informationsquellen gehabt hätten. Doch zogen es wohl viele vor, sich vor den Ereignissen ihrer Zeit dadurch zu schützen, dass sie sich vor ihnen verschlossen.

Die Sonne ging im Osten unter

Ein kalt-windiger Vorfrühlingstag, Anfang oder Mitte April 1945. In Wien überstiegen die Zerstörungen der letzten Kriegstage das Maß alles Vorstellbaren und alle, die die Stadt nicht schon hatten verlassen können um bei Verwandten oder Freunden auf dem Land unterzukommen, versuchten dem chaotischen Zusammenbruch des gesellschaftlichen Gefüges auf ihre Weise zu entgehen oder zu begegnen. Dem Westen der Stadt näherten sich in einem Umklammerungsbogen russische Armeeeinheiten, denen der Ruf vorauseilte, mit Angehörigen der Zivilbevölkerung nicht besonders schonend zu verfahren. Besonders gefährdet waren Mädchen und junge Frauen, die sich in jenen Tagen zumeist in den Luftschutzkellern versteckt hielten und ihr Gesicht mit Kohle schwärzten, um hässlich und alt auszusehen; doch auch ältere Menschen, die ihre Wohnungen nicht mehr verlassen wollten oder konnten, taten gut daran, den siegreichen Soldaten der russischen Armee, wenn sie mit Gewehren an die Türen schlugen, zu öffnen und ihnen etwas anzubieten, das als Kriegsbeute gelten konnte, Schmuck, Uhren oder Essbares, das die seit Jahren Hungernden als Notration in Bücherschränken und Schreibtischen verwahrt hatten, für den *Tag der Befreiung* ...

Am frühen Abend dieses Tages hastete eine junge, hochschwangere Frau, Ende zwanzig, in großer Eile die völlig menschenleere *Auhofstraße* Richtung Stadt entlang, in einer Hand eine Reisetasche mit dem notwendigsten

Übernachtungsgepäck, an der anderen Hand führte sie ein etwa sechsjähriges Kind, das versuchte, mit seiner Mutter Schritt zu halten. Es sah aus wie eine Flucht, ein später weil allzu lang hinausgezögerter Versuch, sich vor den herandrängenden Einheiten der Roten Armee in Sicherheit zu bringen, ohne genau zu wissen aus welchen Richtungen sie unvermittelt auftauchen würden und in der Hoffnung, nicht in gerüchteweise berichtete, lokale Scharmützel zwischen ihren Rückzug sichernden Wehrmachtseinheiten und den einmarschierenden Soldaten der Roten Armee zu geraten.

Die Straße war ruhig, ohne jeden Verkehr, der zu übersetzende Bahnübergang nicht abgeschrankt, aber es fuhren ohnehin kaum noch Züge in jenen Tagen. Die junge Frau versuchte sich zu orientieren, an Hand der Namen der Quergassen eine bestimmte Adresse zu finden und ihr Griff um die Hand des Kindes schloss sich fester: „Wir sollten von der Straße weg!" meinte sie nur, als das Kind, im Versuch den Druck ihrer Hand zu deuten, fragend zu ihr aufblickte, „Man weiß nie, wie schnell sie vorwärtskommen. Aber ich glaube, wir haben es gleich geschafft!" Die junge Frau war in den letzten Kriegsmonaten, nach einem längeren Auslandsaufenthalt, zurück nach Wien gekommen und hatte die letzte Zeit bei ihrer Mutter und ihrem Stiefvater gelebt, denn sie wollte das Kind, dessen Vater in irgendwelchen Lagern im Osten Österreichs zu Arbeitseinsätzen festgehalten wurde, in der Stadt, die ihr vertraut war, zur Welt bringen. Um sich selbst und das ungeborene Kind nicht zu gefährden und einer möglichen Vergewaltigung zu entgehen, sollte sie, auf Anraten der Familie, für einige Zeit, so lange wie eben nötig, untertauchen. Ein Verwandter ihrer Mutter hatte ein zu dieser Jahreszeit unbewohntes Gartenhaus im *Hietzinger* Villenviertel angeboten, das, da es winterfest gemacht worden war und von außen unbedeutend und schäbig aussah, wohl auch niemanden, nicht einmal marodierende Soldaten, anlo-

cken würde – „*Man darf allerdings kein Licht anmachen*", hatte der Besitzer gemeint, „*aber der Strom ist ohnehin über den Winter ausgeschaltet…*" und außerdem war in jenen Tagen ganz Wien ohne Stromversorgung.
Die Nacht sollte kalt und finster werden und wegen der Verdunkelungspflicht fiel weder vom öffentlichen Weg, noch von den mit Petroleumlampen oder Kerzen schwach erleuchteten Nachbarhäusern, Licht in das verlassen scheinende Haus; wahrnehmbar blieb ein dumpfes Dröhnen, wie von in der Ferne niedergehenden Gewittern, ein Hintergrundgeräusch, das in jenen Tagen nicht mehr verstummte und manchmal an Tonhöhe und Lautstärke gewann um dann wieder abzuschwellen. Das Erlebnis der Kälte und der Finsternis der Nacht und die Angst vor Entdeckung aber sollten dem Kind für den Rest seines Lebens in die Seele geschrieben bleiben.

Doch noch befanden sich die Frau und das Kind auf der menschenleeren Straße, durch die vom Westen her der Wind fegte und die Hastenden vorwärts trieb. Das Kind wagte einen Blick nach vorne und sah vor sich, weit über die Linie der Dächer in die Weite des Abends ausgespannt, einen glühend roten Schein, wie von einer untergehenden Sonne. Es zog an der Hand seiner Mutter und meinte, etwas Tröstliches sagen zu können, als es sie auf den schönen Sonnenuntergang hinwies – „Aber nein!" erwiderte die Angesprochene, „das ist kein Sonnenuntergang – du schaust doch nach Osten! Was du siehst ist der Widerschein des Feuers – Wien brennt! Die Sonne geht hinter uns, im Westen, unter."
Wien brennt! Diese zwei Worte gruben sich tief und angstvoll ins Bewusstsein des Kindes ein, das nun nichts mehr von der untergehenden Sonne wissen wollte, ob im Westen oder im Osten – wo es sie doch gerade zu sehen vermeint hatte – was hatte das überhaupt noch zu bedeuten, wenn die Welt in Flammen aufging. Wieso brennt Wien? Wie furchtbar und bedrohlich musste

dieser Brand sein, wenn man ihn, als rot leuchtenden halbkreisförmigen Lichtbogen, im Hintergrund der die unmittelbare Sicht verstellenden Häuser eines Wiener Außenbezirks sehen konnte?

Das Kind hatte schon einmal die Angst vor dem Feuer kennen gelernt, als es noch viel jünger war. Damals war es mitten in der Nacht geweckt, angekleidet und auf das große Bett gelegt worden, die Erwachsenen hasteten hin und her in der Wohnung, wie auf der Suche nach der verlegten Brille oder dem Schlüsselbund und irgendjemand meinte, man solle dem Kind doch ein Stück Zucker zur Beruhigung geben, was dem Kind zwar gefiel, doch verstand es noch gar nicht, warum es hätte aufgeregt sein sollen. Doch dann hörte man das näher kommende Folgetonhorn der Feuerwehr – „Gott sei Dank!" riefen die Erwachsenen und zu dem Kind gewandt meinten sie, ihm jetzt auch die volle Wahrheit zumuten zu können: „Der Dachboden brennt – aber das Feuer wird sicher nicht bis zu uns in den ersten Stock durchkommen." Jetzt erschrak das Kind tatsächlich und begann zu weinen und fragte sich, ob die Erwachsenen wirklich imstande wären, die Gefahr von ihm und von dem Haus in dem sie wohnten, abzuwenden, doch es wurde mit besonderer Zuwendung bedacht und mit beruhigenden Worten getröstet: es sei ja nur ein kleines Feuer, verursacht durch einen schlecht funktionierenden Kamin oder einen überheizten Ofen und die Feuerwehr werde den Brand rasch unter Kontrolle bringen.

Tatsächlich war der Spuk nach etwa zwei Stunden vorbei, in denen der Stiefellärm von treppauf, treppab laufenden Feuerwehrleuten im Stiegenhaus widerhallte, begleitet von den ängstlichen Evakuierungsgeräuschen der Bewohner des zweiten Stockwerks und der Dachbodenwohnung, die von den Feuerwehrleuten mit ihrem Notgepäck und wichtigen Dokumenten ins Freie geführt worden waren und die Löscharbeiten von unten beobachteten. Ihre Stimmen drangen durch ein kurz geöffnetes Fenster, das aber auf Geheiß des Familienoberhauptes rasch wieder geschlossen wurde, denn der Luftzug hätte eine Sogwirkung auf den Funkenflug vom Dach haben und den Brand somit in die unteren Stockwerke tragen können.

Es wurde danach im Haus lange gerätselt und viel gemutmaßt über die mögliche Brandursache – der Bewohner der Dachbodenwohnung, der auch der Eigentümer des Hauses war und den einprägsamen Namen *Löwe* trug, soll gemeinsam mit seiner Freundin in der fraglichen Nacht einen lange unbenützten Ofen in Betrieb genommen haben oder gar ein Feuer im unbewohnten Teil des Dachbodens entfacht haben – ohnehin nur um Briefe oder ähnliches zu verbrennen ... Heute erscheint auch eine etwas nuanciertere Version denkbar: Da der Hauseigentümer nach dem Wortlaut der vom Nazi-Regime erlassenen *Nürnberger Rassengesetze*[1] zum Kreis der belasteten Personen gehörte, könnte es wohl gewesen sein, dass er ins Visier der Gestapo geraten war und Schriftstücke, die ihm selbst oder Angehörigen seiner Familie gefährlich werden konnten, durch Verbrennen verschwinden lassen wollte, wobei ihm fast das eigene Haus abgebrannt wäre ...

Die Erinnerung an diese nächtlichen Angststunden drängte sich ins Bewusstsein des Kindes und ließ es schneller an der Hand seiner Mutter in den langsam dunkelnden Abend laufen, ohne dass es weiter versucht hätte, unbekannte Naturerscheinungen zu deuten. Sie fanden das verlassene Gartenhaus und gelangten ohne Schwierigkeiten ins Innere, so dass beide im Gefühl provisorischer Sicherheit aufatmeten. Die erste Nacht in dem ungastlichen Unterschlupf blieb dem Kind als lang und kalt in Erinnerung – ob der Aufenthalt hier nur die eine Nacht dauerte oder länger, lässt sich aus der Erinnerung heute nicht mehr rekonstruieren, doch lassen sich aus der Chronik der letzten Kriegstage des Zweiten Weltkrieges zwei mögliche Datierungen dieses Feuerbogens über Wien, in dem das Kind den Widerschein einer untergehenden Sonne zu sehen vermeinte, ableiten. Weithin sichtbar brannte es in den Apriltagen 1945 in Wien zweimal: Am 8. April wurde der *Stephansdom* mehrmals von aus dem Raum *Floridsdorf* abgefeuerten, vor allem deutschen Granaten getroffen, die kleinere, einzeln ausgebrochene Brände zu einem Großbrand vereinten und Naschmarkt, Parlament, Burgtheater und viele Gebäude entlang der *Zweierlinie*[2] standen ebenfalls in Flammen.[3] Vier Tage später, am 12. April, setzte Granatenbeschuss den *Stephansdom* neuerlich in Brand und führte zum Einsturz des Dachstuhls und zur Vernichtung des Glockenturms; der Brand, der in den Berichten häufig als „Feuersturm" bezeichnet wurde, war so gewaltig und zerstörerisch, dass die Größte der Glocken, die über zwanzig Tonnen schwere *Pummerin*, in der Gluthitze zersprang und in einzelnen Bruchstücken zu Boden fiel, wo sie von nachstürzendem Gestein und Mauerwerk bedeckt wurde. Bringt man diese zwei Brandereignisse mit der Annäherung der Truppen der Roten Armee vom Westen her und ihren Marschbewegungen Richtung Wien in Zusammenhang – die ja in erster Linie der Grund für das eilige Untertauchen der jungen Frau und ihres Kindes waren – so erscheint der frühere Termin, der Abend des 8. April, als der wahrscheinlichere, da sich die Truppen der Roten Armee am 8. April 1945 ihren Weg vom Norden des *Wiener Waldes* nach Westen und Norden in das Gebiet der Stadt bahnten; in *Purkersdorf*, im Westen von Wien, waren Truppenteile der Sowjetarmee am 5. April vom Wienerwaldsee her einmarschiert.

Ein weiterer, aus der Biografie der jungen Frau sich ergebender Umstand stärkt die Vermutung, dass die Nacht, in der der Himmel über Wien bis in die westlichen Außenbezirke der Stadt rot aufglühte, die vom

8. auf den 9. April war. Die junge Frau und das Kind waren beide heil geblieben und konnten bald wieder in die ohnehin schon überbelegte großelterliche Wohnung zurückkehren, in der nun auch der Vater des ungeborenen Kindes, nach dem Verlassen des in Auflösung begriffenen Lagers an der burgenländisch-ungarischen Grenze, Zuflucht gefunden hatte. Am 15. April 1945, in den Wirren einer Zeit zwischen Krieg und Waffenstillstand, in der alles unsicher war, heirateten die werdende Mutter und der junge Franzose, der zu diesem Zweck seine Identitätspapiere ein bisschen retouchieren musste, da er sonst, auf Grund seiner Jugend, die väterliche Einwilligung zu seiner Heirat gebraucht hätte. Viele Jahre später hielt die Frau die Erinnerung an diesen Tag mit folgenden Worten fest:

Aber ein Datum habe ich schwarz auf weiß, das meiner Hochzeit. Am 15. April. Das war so: die Russen (ich sage Russen, weil wir eben damals immer so sagten und nicht: die sowjetischen Streitkräfte) schlugen sofort nach ihrer Ankunft Plakate an, in denen zu lesen war, daß alle Gesetze die unter Hitler rechtskräftig gewesen seien, nun wieder abgeschafft seien, daß die alten, österreichischen Gesetze wieder gelten sollten. Die zivile oder die kirchliche Eheschließung war so ein Gesetz. Und da haben sich *M.* und *Pierre* zu Fuß aufgemacht und sind bis auf den *Stephansplatz* gewandert, wo sie von dem vor dem erzbischöflichen Palais amtierenden Erzbischof zwischen Verwundeten und Flüchtlingen auf *Pierres* Rücken als Schreibunterlage die Dispens zur sofortigen Eheschließung erteilt bekamen.

Was das Kind betrifft, so hat es gelernt, Osten und Westen zu unterscheiden und die Bahn der Sonne richtig zu deuten – lange aber blieb ihm eine irrationale Angst vor Feuer und Bränden. Und als es Jahre später, im Norden Frankreichs lebend, aus der Zeitung von den jährlich im Sommer an Frankreichs Mittelmeerküsten aufflammenden Waldbränden erfuhr und in einer hellen Mondnacht plötzlich aufschreckte, vielleicht durch das Bellen eines Hundes oder den Lärm eines vorbeiratternden Zuges, und den Schatten des Hauses sich scharf im Mondlicht abzeichnen sah, glaubte es, das Haus stehe in Flammen. Am ganzen Körper zitternd lief es zum Schlafzimmer der Eltern, riss sie aus dem Schlaf und zeigte auf das helle Licht über dem Schatten des Daches – „*Das Haus brennt schon!*" rief es und konnte nur mit Mühe beruhigt und überzeugt werden, dass die Waldbrände wohl tausend Kilometer weit weg wüteten und das Haus mit dem schönen Namen „*Au repos de la côte*"[4] nur im hellen Widerschein des Mondes lag.

Fünfzig Jahre danach wurde das Haus abgerissen, bevor es von seinen einstigen Bewohnern noch einmal in Augenschein genommen werden konnte – heute dokumentiert eine Bodenfliese aus der örtlichen Steinguterzeugung den Ort wo es stand; der jungen Frau von damals, der heute die in Frankreich verbrachten Jahre wie in ein fremdes Leben gerückt erscheinen, ist die Erinnerung an diese Zeit abhanden gekommen.

Dekolonisierung

Die Begebenheit, die hier berichtet wird, trug sich vor nahezu fünfzig Jahren, also zu Beginn der sechziger Jahre des vorigen Jahrhunderts zu. Ein österreichischer Gewerbetreibender hatte – vielleicht als Gegenleistung für eine entsprechend hohe Geldspende an die örtlichen Machthaber, vielleicht auch aus anderen Gründen – die Würde eines Honorarkonsuls eines verhältnismäßig kleinen afrikanischen Landes erhalten, dessen Name sich im Laufe des 20. Jahrhunderts mehrmals geändert hat; sein heutiger Name leitet sich von dem des alten afrikanischen Königreichs *Benin* her, aus dem die als *Benin-Bronzen* bekannten Bronze- und Messingreliefplatten stammen, die in einigen europäischen Museen als Wandschmuck ausgestellt werden. So „zieren" im *British Museum* diese Platten in obszöner Weise einen Stiegenaufgang, den neugierigen Blicken achtloser Besucher unverhüllt dargeboten und waren doch einst Ritualgegenstände und Objekte der Repräsentation und Verehrung an afrikanischen Königshöfen, bis eine große Zahl von ihnen 1897, in der Folge eines Raub- und Eroberungsfeldzugs der britischen Kolonialmacht, nach Europa gelangten. Das afrikanische Land, in dem sich die hier berichtete Begebenheit abspielte, war 1960 von der französischen Kolonialmacht in die Unabhängigkeit entlassen worden und behielt zunächst, bis zum Jahr 1975, seinen damaligen Namen *Dahomey* bei.

Die Machthaber des erst seit kurzem unabhängigen Staates hatten eine offizielle Einladung an den österreichischen Honorarkonsul ausgesprochen und dieser begab sich, in Begleitung eines jungen, juristisch geschulten Beraters in das afrikanische Land, dessen „ehrenvoller“ Vertreter er in Österreich war. Die zwei Personen starke österreichische Delegation wurde mit allen Ehren empfangen und würdig untergebracht, der lokale Rundfunk berichtete über den Besuch des österreichischen Honorarkonsuls und seines Begleiters in *Cotonou*, dem Sitz der Regierung. Da beide Herren des Französischen, der allgemeinen Verkehrssprache, nicht mächtig waren, wurde ihnen ein sprachkundiger Europäer, vermutlich ein österreichischer Geschäftsmann, der seit einiger Zeit in *Cotonou* ansässig war, zur Seite gestellt. Das Besuchsprogramm umfasste lediglich einige offizielle Begegnungen mit Vertretern der damals im Aufbau begriffenen staatlichen Behörden *Dahomeys* und ließ den Österreichern Zeit und Muße, sich selbst ein Bild dieses Landes zu machen, in dem sie sich frei bewegen konnten.

Bei einem Abendessen auf der Terrasse ihres Hotels trafen die *Staatsgäste* wieder mit ihrem orts- und sprachkundigen Begleiter zusammen und begannen, in ungestörter Herrenrunde, den Abend zu genießen. Die Hotelterrasse war gegen die Umgebung mit einem Holzzaun gesichert. Hinter der Abtrennung hielten sich Einheimische auf, zumeist ganze Familien, die ebenfalls Erfrischung in der abendlichen Kühle suchten und dabei die Gäste des Hotels, hauptsächlich Europäer, bei ihren Ess- und Trinkgewohnheiten aus den Augenwinkeln beobachteten. Auf der Terrasse des Hotels saßen vorwiegend Geschäftsleute, die im Auftrag expansionsfreudiger, europäischer wie außereuropäischer Firmen aber auch kooperationsbereiter Regierungen in dieses Land gekommen waren, das, vor kurzer Zeit von der Kolonialmacht Frankreich in die Freiheit entlassen, erst im Begriff stand, eigene staatliche und wirtschaftliche Strukturen aufzubauen. Einige dieser Vertreter der *Ersten Welt* waren sicherlich in der guten Absicht gekommen, bei der wirtschaftlichen Entwicklung eines vor allem agrarwirtschaftlichen Landes, ihr Wissen und ihr Können in den Dienst einer guten Sache zu stellen; viele aber waren lediglich bestrebt, das „schnelle" Geld zu machen und billige Ressourcen ebenso wie wohlfeile Arbeit maximal zu nutzen, das heißt, sie verhielten sich den Afrikanern gegenüber nicht anders als die früheren Kolonialherren. Doch in welchem Maße waren denn überhaupt die Ausübung demokratischer Freiheiten und die Möglichkeiten selbstbestimmten Lebens in das Bewusstsein der in diesem Land lebenden Menschen gedrungen, die jetzt nicht mehr den vom französischen Mutterland gelenkten Kolonialbehörden unterstellt waren, sondern ihr privates ebenso wie ihr öffentliches Leben nach eigenen Regeln zu gestalten hatten? Fühlten sich die Bewohner *Dahomeys* den Besuchern aus Europa ebenbürtig? Schon die Formulierung der Frage schließt die Antwort in sich: Es hatten sich, ganz offenbar, für die Bewältigung des Alltags und für den „reibungslosen" Umgang der Landesbewohner mit ausländischen Besuchern sehr rasch gewisse Verhaltensregeln herausgebildet, die ihrem Wesen nach die in den Köpfen der Menschen immer noch nachwirkende Vorstellung der Überlegenheit der Weißen über die Schwarzen eindeutig nahe legten und deren Einhaltung von teils selbsternanntem, teils von den Luxushotels und anderen von Weißen frequentierten Einrichtungen angeheuertem, afrikanischem Wachpersonal auch mit Gewalt erzwungen wurde.

Auch am Rand der abgezäunten Hotelterrasse stand ein mit einem Holzprügel bewaffneter, massiger, schwarzer Bewacher, der darauf zu achten hatte, dass die Gäste des Hotels sich nicht durch die eventuelle Annäherung oder gar Anrede durch Einheimische im Genuss des Abends und ihres Mahles behelligt fühlten. Der Betreuer der beiden Österreicher, der offenbar um die übliche Reaktion des durchwegs einheimischen Bewachungspersonals wusste, wandte sich an seine Gäste mit den Worten: „*Warten's amal - jetzt zeig' ich Ihnen was!*“ und hielt, eine kurze Unaufmerksamkeit des sich eben der Sicherheit anderer Gäste zuwendenden Aufpassers nutzend, in der ausgestreckten Hand einen Geldschein in Richtung der am Zaun stehenden oder daran vorbeigehenden Menschen. Ein kleiner Junge konnte der Verlockung des Angebots nicht widerstehen, riss sich von der Hand seiner Mutter los, schlüpfte behände unter dem Holzzaun durch und versuchte die Banknote zu erwischen, doch da stürzte der Bewacher schon herbei. Er prügelte mit seinem Stock auf das Kind ein, bis es wie leblos am Boden lag und warf dann achtlos den kleinen Körper über den Zaun, wo er von der verzweifelten und tief gedemütigten Frau, die wohl seine Mutter war, aufgehoben und weggetragen wurde. „*Sengen's, so san's, die Neger, wan ma's se sölber überlassn! Derschlâgerten se gegenseitig...*“[1] meinte, mit selbstzufriedener Herablassung der österreichische Geschäftsmann, der den Zwischenfall provoziert hatte.

Den beiden Österreichern war das Blut in den Adern erstarrt, doch die in ihrer Drastik erschreckende Szene war so rasch abgelaufen, dass keiner von ihnen dazwischen treten konnte, um dem natürlichen Reflex, das Kind zu schützen, nachzugeben - sicherlich hätten sie, insbesondere der Jüngere von beiden, eingegriffen, wenn sie auch nur die geringste Ahnung von der Absicht ihres Begleiters gehabt hätten. Der aber lebte schon längere Zeit in diesem Land, verdiente gut an den Geschäften, die er mit sicherlich nicht uneigennützig handelnden Behördenvertretern führte und erachtete es als ein verbrieftes Recht, die Praxis kolonialherrschaftlicher Manieren weiter zu pflegen; vielleicht war es auch die Ereignislosigkeit eines Lebens in den engen Zirkeln der Weißen in *Cotonou* und wohl auch ein Prise Sadismus, mit der er der Banalität eines Abends etwas Würze verleihen wollte.

Was aber war in dem schwarzen Bewacher vorgegangen, als er auf das Kind einschlug? Er musste doch wohl die Provokation erkannt haben und es hätte genügt, den Kleinen zurück zu drängen und so die Bannmeile zwischen europäischen Gästen und afrikanischen Landesbewohnern abzusichern. Waren die Schläge, die der kleine Junge abbekam gar nicht ihm zugedacht, sondern einem anderen, eben jenem Provokateur, den der Mann aus *Dahomey* nicht zu verprügeln wagte? Oder gibt es das im Umgang mit Menschen allgemein erwartete und zu Recht eingeforderte Gefühl der Solidarität mit den Schwachen nicht, wenn man selbst zu den Schwachen gehört ? Berichte von Überlebenden der Nazi-Konzentrationslager scheinen zu bestätigen, dass diese Form der Machtausübung Ohnmächtiger gegenüber noch Schwächeren immer wieder beobachtet werden konnte.

Man kann sich fragen ob heute, fast ein halbes Jahrhundert später, zu einem Zeitpunkt wo die meisten afrikanischen Staaten eigene, angemessene Strukturen aufgebaut und ihre Menschen, sofern sie nicht Flüchtlinge vor Krieg und Hunger sind, ihr Selbstwertgefühl gefestigt haben, eine vergleichbare Situation denkbar wäre - auf der einen Seite die Infamie der Geldmächtigen, die sich zum Spaß verzweifelte Brutalität vorführen lassen, auf der anderen die Verteidigung des eigenen kleinen Geltungs- und Existenzbereichs unter Verleugnung der Solidarität mit den Menschen, die eigentlich vor den *Anderen*, den *Fremden* zu schützen wären. Vermutlich liegt ein Schlüssel zum Verständnis des hier beschriebenen Verhaltens in der Orientierungslosigkeit der Angehörigen einer Gesellschaft, deren traditionelle Strukturen durch die Fremdherrschaft der Kolonialmacht aufgebrochen und durch aufgesetzte und fremdbestimmte hierarchische Verhältnisse ersetzt worden waren. Auch die Bewohner *Dahomeys* - heute *Benins* - mussten erst nach und nach in die neuen Lebensverhältnisse hineinwachsen, die, wie in den meisten afrikanischen Ländern, noch über Jahrzehnte hinaus wenig Stabilität nach innen boten, um auch im Umgang miteinander zu selbstbestimmten, respektvollen Verhaltensweisen zu finden.

Distanzlose Nähe – unnahbare Distanz

Das Zusammenspiel und die Wechselwirkungen von Distanz und Nähe im Verhalten von Menschen zueinander sind immer kritische Erfahrungsmomente – geraten diese beiden *Ordnungskräfte* menschlichen Zusammenlebens aus der Balance und überwiegt in einem Beziehungsverhältnis, in dem Nähe natürlicherweise bestehen sollte, bewusst praktizierte Distanz, so entsteht Fremdheit zwischen Menschen, die einander verbunden sein sollten. Umgekehrt ist jede Form von eingeforderter oder gar erzwungener Nähe zwischen Menschen, die in ihrem Verhältnis zueinander in einem Zustand artiger Distanz leben sollen oder wollen, eine nachhaltige Verletzung der individuellen Reviergrenzen, die nur mit Zustimmung der Beteiligten überschritten werden dürfen. In beiden Fällen – zu viel Nähe oder zu viel Distanz – funktionieren die Beziehungen zwischen Menschen nicht oder nicht mehr; es folgt Ablehnung des *Anderen*, Rückzugsverhalten und damit oft verbunden, Fremdheitsgefühle gegen andere beziehungsweise sich selbst gegenüber.

Im dritten Band seiner vierteiligen *Mythologica* geht *Claude Lévi-Strauss* auf die ausgewogene Balance zwischen Distanz und Nähe und ihre gesellschaftsstiftende Bedeutung ein und verweist dabei auf eine Reihe von Mythen vorwiegend südamerikanischer Indianerstämme, in denen, als Topos für die Ausgewogenheit von Distanz und Nähe, die Reise von Sonne und Mond im Einbaum beschrieben wird. Beide Gestirne nehmen die einander gegenüberliegenden Plätze am Bug und am Heck des Einbaums ein und müssen die durch die Länge des Schiffs gebotene Distanz zueinander einhalten – nicht zu nah und nicht zu fern – um sich nicht gegenseitig in ihrer Existenz zu gefährden und um nicht, durch jeweilige Selbstauslöschung, die Menschheit entweder verbrennen oder in Dunkelheit versinken zu lassen: Einem Mythos der *Amazonas*-Region zufolge wollten Sonne und Mond die sie trennende Distanz durch eine Verlobung überwinden, doch sie konnten einander nicht heiraten, denn Sonnes Liebe hätte die Erde in Brand gesteckt und Monds Tränen hätten die Erde überflutet; so beschlossen beide, jeder für sich zu bleiben, denn wären sie einander zu nahe gekommen, wäre die Erde verbrannt oder verfault – hätten sie sich zu weit voneinander entfernt, hätte der lebensnotwendige alternierende Rhythmus von Tag und Nacht in die Finsternis einer nicht enden wollenden Nacht oder in das Chaos eines überlangen Tages gemündet.[1]

Dieses in mythischen Erzählungen immer wiederkehrende Bild des Einbaums, der durch seine Beschaffenheit und seine Länge die Passagiere als Schicksalsgemeinschaft in die einzig möglichen Positionen am Bug und am Heck zwingt, zeigt bildhaft auf, wie Menschen in ihrem Verhältnis zueinander das richtige Maß an Nähe und Distanz einhalten sollen, um gut miteinander auszukommen und ihre persönliche Integrität wahren zu können. Verlassen die Reisenden im Einbaum ihre Plätze um sich einander zu nähern oder sich voneinander zu entfernen, dann kentert der Einbaum und reißt seine Passagiere in die Tiefe; versagt der Indikator des Verhältnisses von Nähe und Distanz und wird die Balance zwischen diesen Eckpunkten menschlichen Verhaltens gestört, dann reagieren wir mit Zurückweisung, Angst und Flucht. *Julia Kristeva* beschreibt diese durchaus ambivalente Reaktion in ihrer Abhandlung über das Fremdsein:

Seltsam auch diese Erfahrung des Abgrunds zwischen mir und dem anderen, der mich schockiert – ich nehme ihn nicht einmal wahr, vielleicht vernichtet er mich, weil ich ihn leugne. Angesichts des Fremden, den ich ablehne und mit dem ich mich identifiziere, beides zugleich, lösen sich meine festgefügten Grenzen auf, meine Konturen zerfließen, Erinnerungen an Erlebnisse, in denen man mich fallen gelassen, überfluten mich, ich verliere die Haltung. (...) Die Varianten des Unheimlichen, der beunruhigenden Fremdheit sind vielfältig: alle wiederholen meine Schwierigkeit, mich im Verhältnis zum anderen zu situieren.[2]

Mit teilweise ambivalenten Empfindungen wurden die folgenden sechs Texte verfasst, in der Absicht, Fremdheit und Entfremdung nicht nur zu beschreiben, sondern auch die Mobilisierung der Kräfte anzudeuten, mit deren Hilfe Entfremdung überwunden und die *verlorene* eigene Mitte wieder zurückgewonnen werden kann.

„Ich hab' geglaubt, du bist auch schon tot!"

La pierre d'éternité
Ma mère est très malade et je m'inquiète beaucoup
car quand je la regarde elle ne bouge plus du tout;
elle reste allongée - son visage est très pâle,
elle a les yeux fermés tournés vers les étoiles -
alors j'ai eu l'idée d'aller au fond des bois
chercher pour la sauver la pierre d'éternité.
(*Kim Pichler*[1]*, 10 Jahre, 2006*)

Man schrieb den Dezember des Jahres 1889, weltpolitisch betrachtet eine recht ruhige Zeit, die den Menschen Luft zum Atmen und Zeit zum Leben ließ und in der tragische Ereignisse auf die Ebene persönlich zu bewältigender Schicksalsschläge verwiesen werden konnten. Allerdings häuften sich ab dem Frühwinter, wie schon in früheren Jahren, die Fälle von Influenza, der *spanischen Grippe*, wie sie nach ihrem europäischen Herkunftsland genannt wurde, eine Krankheit, der auch die Kunst der Ärzte damals nicht viel mehr entgegen zu setzen hatte, als eine gute körperliche Konstitution des Erkrankten.

Prof. Josef *J.* war Gymnasiallehrer für Deutsch und Geschichte in *O.* nahe Wien, an einem immer noch bestehenden, niederösterreichischen Gymnasium.[2] Er war ein, nach heutigen Maßstäben, junger Mann Mitte dreißig, blätterte nach dem Frühstück die Sonntagszeitung vom 29. Dezember durch und meinte scherzend zu seiner Frau: *„Annerl, jetzt gib acht auf mich, jetzt kommen die bedeutenden Leute und hohen Tiere dran: Minister und Exzellenzen sterben an Influenza, jetzt wird's gefährlich!"* Wahrscheinlich hatte er in der Zeitung vom 29. Dezember 1889 eine in der Rubrik „Personalnachrichten" erschienene Notiz gelesen, aus der hervorging, dass Se. Exzellenz, Ministerpräsident Graf *Taaffe,* ebenso an

Influenza erkrankt war, wie der Ackerbauminister Graf *Falkenhayn*. Im Nachrichtenteil der Tageszeitungen des erwähnten Tages wurde allerdings nur in knappen Meldungen von sinkenden Erkrankungszahlen und einem günstigen Krankheitsverlauf in Prag – allerdings nicht in Wien – berichtet, so als ob in diesen Tagen, zwischen Weihnachten und Neujahr 1889/1890, Störungen der Festtagsstimmung vermieden werden sollten. Deutlich hingegen stach die Nachricht ins Auge, dass in Madrid die durch Influenza bedingte Sterblichkeit sich verdreifacht hatte und in Barcelona 30.000 Personen als an Grippe erkrankt gemeldet waren.

Prof. Josef *J.* sollte jedoch den nächsten Tag nicht mehr erleben. Innerhalb von zwölf Stunden ließ die Krankheit, deren Keim er schon in sich getragen haben musste, den Familienvater einen Kampf verlieren, der aus zwei Gründen aussichtslos gewesen war. Einerseits war er wegen einer schlecht ausgeheilten Rippenverletzung in seiner Kindheit und der daraus folgenden Verwachsung der Knochen, die zu einem Herzleiden geführt hatte, konstitutionell geschwächt; andererseits war der von Krankenbett zu Krankenbett eilende Hausarzt stundenlang unerreichbar und konnte, als er endlich gegen Abend dieses Tages seinen Freund, den Deutsch- und Geschichtelehrer am erzbischöflichen Seminar von *O.*, aufsuchte, nur mehr dessen jeden Augenblick zu erwartenden Tod feststellen: „Warum haben Sie mich nicht früher holen lassen!" rief er vorwurfsvoll aus und betrachtete dabei die bereits blau verfärbten Fingernägel des Sterbenden, wohl wissend, dass in diesem Fall die Kunst der Ärzte versagen musste.

Dieser Tod, der so plötzlich in die Beschaulichkeit eines nach anfänglichen Existenzkämpfen „gutbürgerlich" gewordenen Familienglücks hereingebrochen war, ließ eine dreißigjährige Witwe mit drei Kindern allein zurück, einem siebenjährigen Mädchen und zwei

Knaben, drei und fünf Jahre alt. Sie hatte keinen eigentlichen Beruf erlernt, wiewohl sie, bis zu ihrer Heirat mit Josef J. im Jahr 1880, immer im Dienst begüterter Frauen der bürgerlichen Oberschicht gearbeitet hatte. Mit zwölf Jahren Vollwaise musste sie, um sich selbst und ihre beiden jüngeren Schwestern zu erhalten, für einem zwar nicht bösartigen, aber aus Überzeugung hartherzigen Bruder ihrer verstorbenen Mutter den Haushalt führen. Dieser Mann ging jedoch letztendlich eine späte Ehe ein und die drei Mädchen wurden, um das neue Glück nicht zu stören, bei verschiedenen Handwerkern als unentgeltliche Arbeitskräfte für „Kost und Quartier" untergebracht. Anna, die Älteste, schon jungmädchenhaft entwickelt, wurde – zur sicheren Wahrung ihrer Tugend – als Dienstmagd in ein Kloster gesteckt. Als sie jedoch, einige Zeit danach, ihrem Onkel den Wunsch andeutete, selbst in den Orden eintreten und im Kloster bleiben zu wollen, durchkreuzte dieser mehr den weltlichen Freuden zugetane Mann ihre frommen Absichten und nahm die Siebzehnjährige als Dienstmädchen wieder in seinen eigenen Haushalt auf. Seine Frau schätzte zwar Fleiß und Willigkeit ihrer Nichte, nicht aber die Tatsache, dass des Onkels Blicke, immer häufiger, wohlgefällig an der Gestalt des jungen Mädchens hängen blieben und sie verschaffte Anna eine Stelle als Kinderfräulein bei der wohlhabenden Familie *B.* Dort hatte Anna einen genau abgesteckten Aufgabenkreis und erfüllte ihre Pflichten gegenüber den Kindern des Hauses zu ihrer eigenen Freude und zum Wohlgefallen ihrer Dienstgeberin.

Es gab jedoch im Hause *B.* ein unumstößliches Gebot: den weiblichen Angestellten war, bei fristloser Entlassung, jeglicher Umgang mit Männern verboten. Es kam wie es kommen musste – Frau *B.* erfuhr durch das Mädchen selbst, das sich, vielleicht ahnungslos, vielleicht auch nur allzu mitteilungsbedürftig, ihrer Herrin anvertraut hatte und ihr von der Bekanntschaft mit einem jungen Lehrer, einem Supplenten, erzählt hatte, mit dem sie später einmal, sobald für ihn eine Stelle als Gymnasiallehrer frei geworden wäre, die Ehe eingehen wollte. Anna wurde mit Schimpf und Schande und folgender, von ihrer Tochter in ihren Lebenserinnerungen berichteter Begründung Frau *B.*'s entlassen: „*Ich habe Ihnen erklärt, daß ich für meine Angestellten keinerlei Bekanntschaften dulde. Sie haben das gewußt und waren mir unfolgsam. Sie geben sich mit Männern ab und mir ekelt davor. In 24 Stunden verlassen Sie mein Haus, ich hoffe, bis dahin jemanden anderen gefunden zu haben.*"

Annas Kündigung hatte zur Folge, dass der ausgebildete aber noch stellenlose Lehrer Josef *J.* seine Verlobte, früher als beabsichtigt, heiratete und das junge Paar unter ärmlichsten Verhältnissen sein Leben fristete; das erste Kind, ein Mädchen, das die junge Frau im Kabinett, das ihnen als Wohnung diente, zur Welt gebracht hatte, starb nach zwei Wochen vergeblichen Kampfes ums Überleben. Doch die äußeren Verhältnisse besserten sich für den jungen Lehrer und seine Frau, denn im darauf folgenden Jahr erhielt er eine volle Unterrichtsverpflichtung und konnte nun tatsächlich an die Gründung einer Familie denken. Nach der Geburt eines Mädchens 1882 und – im Abstand von je zwei Jahren – zweier Knaben, sowie der Berufung Josef *J.*'s als Lehrer an das erzbischöfliche Seminar von O., schien dem Glück der jungen Familie nichts mehr im Weg zu stehen; doch dann traf Anna, wie ein Keulenschlag, der plötzliche Tod ihres Ehemannes am 29. Dezember 1889.

Noch saß er da, fahl und blass nach dem kurzen, schweren Todeskampf, neben ihm, in ausdrucksloser Trauer, seine Witwe und, angstvoll und verschreckt, die aus ihren Betten geholten Kinder, die, wie es jene Zeit gebot, dem Vater ein letztes „Lebe wohl" sagen mussten. Natürlich verstanden sie nicht, was geschehen war und das älteste Kind, das Mädchen, das sehr viel später die Ereignisse seiner Kindheit und auch dieser Nacht aufgezeichnet hatte, erinnert sich: *„Da saß Mama, so leichenblaß wie der Tote neben ihr und wie versteinert schaute sie uns an. Wir wollten sie umarmen, aber ihr geistesabwesendes Gesicht erschreckte uns und wir liefen fort. Zuerst aber ging ich noch zu Vater, der wie schlafend im Lehnstuhl saß und zupfte ihn am Bart. Ich wollte ihn aufwecken und all diesem unverständlichen Jammer ein Ende machen. Aber er schlief fort.*"

Anna war mit 28 Jahren, drei unversorgten Kindern und ohne Brotberuf oder sonstiger finanzieller Absicherung Witwe geworden; das Haus, in dem die Familie lebte, war Josef *J.* in seiner Eigenschaft als Lehrer am erzbischöflichen Seminar als Dienstwohnung zugewiesen worden und musste geräumt werden. In der ersten Zeit erhielt Anna gelegentlich Hilfe von Berufskollegen ihres verstorbenen Mannes und deren Frauen sowie von ihrer eigenen Familie; es dauerte jedoch nicht lange, so versiegte die anfänglich zögerlich angebotene Hilfsbereitschaft und alle jene, die meinten, sie könnten nun zur Unterstützung der verwaisten Familie herangezogen werden, zogen sich ängstlich zurück. Auf Anraten ihrer Familie versuchte Anna einen k. und k. Gnadenakt, in Form einer Witwen- und Waisenpension, zu erwirken und begab sich zu einer, zu diesem Zweck von Zeit zu Zeit stattfindenden, kaiserlichen Audienz: Sie legte dem Landesvater ein von ihrem verstorbenen Mann mit Gedichten vollgeschriebenes Album – es befindet heute noch in meinem Besitz – zu Füßen; eine Pension konnte ihr nicht gewährt werden, doch der Kaiser warf einen huldvollen Blick auf die in kalligraphischer Lehrerschrift niedergeschriebenen Verse und sprach der Witwe eine einmalige Aushilfe von zehn Goldstücken zu. Da mit dieser Gnadengabe die Kosten des Begräbnisses und der Haushaltsauflösung beglichen werden mussten, stand Anna mit ihren drei kleinen Kindern bald wieder vor dem Nichts und suchte Arbeit. Sie fand eine Anstellung als Kassiererin in einer Wiener Badeanstalt und konnte so zwar ihre Kinder und sich notdürftig ernähren, aber nicht versorgen, denn von 7 Uhr früh bis 8 Uhr abends saß sie täglich an der Kassa des Bades; für die Kinder musste sie eine Möglichkeit der Unterbringung finden, die nichts oder nahezu nichts kostete – auf das Wohlergehen der Kinder oder ihre eigene, mütterliche Befindlichkeit konnten sie und ihre Umgebung dabei keine Rücksicht nehmen.

So kam es, dass die Älteste mit siebeneinhalb Jahren in ein Klosterinternat gesteckt wurde, wo sie bis zum Abschluss der Bürgerschule, also bis zu ihrem vierzehnten Lebensjahr blieb, für den älteren Knaben wurde ein Platz in einem Waisenhaus gefunden und der Kleinste kam, für die erste Zeit, tagsüber bei der kinderlosen Schwester seiner Mutter unter.

Im Klosterinternat wurden die Kinder zwar von den zu ihrer Betreuung abgestellten Personen nicht misshandelt, aber sie wurden sehr hart angefasst, so hart wie man es heute nur aus erschreckenden Berichten von Kinderbewahranstalten und Fürsorgeeinrichtungen in Ländern mit extrem niedrigem Lebensstandard erfährt. Die Schilderung dieser sieben Jahre dauernden Lebensumstände entnehme ich den Aufzeichnungen, die das Mädchen, als Erwachsene, viele Jahre später, selbst niedergeschrieben hat: „*Eine schwere Kindheit begann. Ich war im Kloster die Nummer 109 unter 300 Mädeln. Wir hatten keinerlei Pflege, aßen jämmerlich schlechte Kost und niemandem fiel es ein, irgend ein Kind besonders zu beachten. Um 6 Uhr mußte man aus dem Bett, sich mit eisigem Wasser Gesicht, Ohren, Hals und Hände waschen, in die Kirche zur Messe, schwarzen Kaffee mit Brot trinken und in die Schule. Mittags gabs Hülsenfrüchte oder schrecklich harte schwarze Knödel und ein Sauerkraut mit riesigen Einbrennbrocken.*

Dann spazieren gehen auf einem viereckigen Hof. Der schöne Garten war für die Schwestern oder Besuche reserviert. Dann wurden Aufgaben gemacht und gelernt bis abends wieder das armselige, eklige Essen kam. - So habe ich sieben Jahre gelebt, habe schwere Krankheiten ohne je einen Arzt gesehen zu haben, überstanden und als Mama mich nach einem Monat Klosterleben besuchte, fragte ich sie erstaunt: ‚Du lebst noch? Ich hab' geglaubt, du bist auch schon tot.'"

Diese bedrückende Kindheitserfahrung liegt mehr als 100 Jahre zurück. Die Siebenjährige hatte sich, wie sie selbst viel später niederschrieb, „*eingemauert*" und mit einem Panzer aus Gleichgültigkeit und Gefühllosigkeit umgeben, denn sie konnte einfach kein weiteres Unglück mehr ertragen. Da war zuerst der Tod des Vaters gewesen, den zu betrauern ihr nur in unzureichendem Maß die Möglichkeit gegeben war; ihre Mutter hatte kaum Zeit gehabt, gemeinsam mit ihren Kindern den Tod des Ehemannes und Vaters zu beweinen, denn sie musste Stärke beweisen und ihre gesamte Energie auf ihr Überleben und das ihrer Kinder verwenden; die jüngeren Geschwister konnten, in ihrer Unverständigkeit, das Geschehene noch viel weniger fassen. Danach folgte der Verlust der vertrauten Umgebung, denn die Benutzung des Hauses, das die Familie nun schon einige Jahre bewohnt hatte, war Teil des väterlichen Lehrergehalts gewesen - die Witwe mit ihren Kindern musste zusehen, wo sie blieb... Sie fand eine provisorische Bleibe in der Zweizimmerwohnung ihrer Schwester, die sich bereit fand, ihr einen Raum ihrer Wohnung so lange zu überlassen, bis für die Unterbringung der Kinder eine Lösung gefunden war. Der Tod des Vaters, der Verlust der vertrauten Umgebung und zuletzt die durch die Berufstätigkeit der Mutter bedingte Auflösung des Familienlebens ließen die Siebenjährige in der Isolation des Klosterinternats in einen Seelenzustand verfallen, in dem nichts mehr sie berühren durfte, da sie nicht mehr die Kraft hatte zu trauern. *„Ich hab' geglaubt, du bist auch schon tot!"* erscheint wie der letzte Versuch des Kindes, das sich selbst, seiner Familie und den anderen Zöglingen des Klosterinternats fremd geworden oder geblieben war, sich ganz in sich selbst zurückzuziehen, um in einer Welt überleben zu können, über die es die Kontrolle gänzlich verloren hatte.

Viel später beschreibt sie als Erwachsene die in Erstarrung mündende Verzweiflung ihrer Kindheit und dass es fast ein Jahr dauerte, bis sie diese Entfremdung überwunden hatte und wieder zu einem als „normal" einzustufenden Umgang mit Menschen ihrer Umgebung fähig war.

Verbrannte Perlen

Nur gelegentlich holte er die mit kunstvollen Schnitzereien verzierte Kassette aus Ebenholz hervor, in der er einige Schmuckstücke seiner ersten, sowie seiner zweiten Frau, ein Säckchen Goldmünzen und den einen oder anderen Gegenstand von Erinnerungswert aufbewahrte und das Kind sah jedes Mal mit Entzücken, wie die kleinen Schmucketuis aufsprangen, wenn man auf die Metallfeder des Verschlusses drückte und ein roter oder violetter, goldgefasster Stein an einem Ring oder an einem Ohrgehänge im Licht aufglänzte. Doch plötzlich entdeckte das Kind am Grund der Schmuckkassette etwas, das seine Aufmerksamkeit fesselte, weil es von ganz anderer Beschaffenheit war, als der übrige Inhalt und eigentlich wie ein Fremdkörper in die vornehme Gesellschaft geraten zu sein schien: es waren Schnüre, auf denen kleine, unregelmäßige, graubraune und grauschwarze aber auch einige silbrig glänzende, rundliche Steinchen aufgefädelt waren und als das Kind neugierig danach griff, lösten sich einige dieser Körnchen von einem brüchigen, dünnen Seidenfaden.

„Was ist das?“ fragte es und hielt die aufgefädelten Steinchen hoch. – „Das sind Perlen.“ meinte er trocken und ließ am unwilligen Ton seiner Stimme erkennen, dass er es bei dieser lapidaren Erklärung bewenden lassen wollte, doch er hatte nicht mit der Hartnäckigkeit des Kindes gerechnet, das über den sonderbaren Fund mehr wissen wollte. Von Perlen, als edlem Geschmeide, hatte es schon des öfteren gehört, in Märchen und

Geschichten, die ihm vorgelesen wurden und Perlen, die „*Tränen des Meeres*", wie seine Großmutter sie ihm erklärend beschrieben hatte, mussten doch wohl ganz anders aussehen als diese verkrümelten und erkennbar wertlosen Kügelchen. – „Perlen glänzen doch und die sind ja ganz hässlich und schwarz!" meinte es aufbegehrend und anklagend. „Diese Perlen habe ich aus dem Feuer geholt", antwortete er, hoffend, dass mit dieser Erklärung die Geschichte abgeschlossen wäre. Doch wenn man vier oder fünf Jahre alt ist, hat man viel Übung im Stellen von Fragen und man hat erfahren, dass es immer noch einer Frage hinter der Frage gibt und dass, wenn man hartnäckig weiter fragt, auch Erwachsene manchmal beginnen über Dinge zu reden, über die sie anfangs nichts sagen wollten. Daher ließ sich das Kind auch diesmal nicht entmutigen und fragte weiter: „Wieso waren die Perlen im Feuer? Wer hat sie hinein geworfen?" – „Diese Perlen hatte ich meiner ersten Frau geschenkt. Und eines Tages kam ich von der Schule nach Hause und fand sie wild schluchzend vor dem Kamin knien und zusehen, wie die Perlen im Feuer verglühten und schwarz wurden; die, die du hier in der Hand hältst, sind die, die ich gerade noch aus dem Feuer retten konnte –" sprach er bedächtig und mit einem strengen Ausdruck in seinem Blick.

Gerne hätte ihn das Kind noch nach „warum" und „wieso" gefragt, aber sein Gefühl sagte ihm, dass es jetzt nicht mehr weiter in ihn dringen dürfe und dass es im Augenblick keinen näheren Aufschluss darüber erhalten würde, was eine jungvermählte, wohlgestaltete und vermögende Frau veranlasst haben mochte, die Perlen, die sie von ihrem Ehemann als Geschenk bekommen hatte, ins Feuer zu werfen.

Jahre später sollte einiges über die „erste Frau" in Erfahrung gebracht werden: Als das Kind wieder einmal vor dem Grab stand, das jedes Jahr besucht wurde und dessen Stein nur die Inschrift *Frieda* trug und das Datum des *2. März 1932* – wohl der Todestag dieser Frau, die nur einen Vornamen hatte und bei der, wie bei einem schon bei der Geburt verstorbenen Kind, nur eine einzige Jahreszahl vermerkt war – eine Schattenexistenz, zeit- und namenlos – da begann es Fragen zu stellen, denen die Erwachsenen nun nicht mehr ausweichen konnten.

Seine erste Frau sei „gemütskrank" gewesen, erklärte er schließlich und zwar deshalb, weil sie keine Kinder bekommen konnte – oder, vielleicht, auch nicht wollte ... Jedenfalls hatte sie ein gutes Dutzend Puppen um sich geschart, die er jedes Mal, wenn er zur Arbeit ging, zum Abschied küssen musste, denn es seien, so sagte sie, ihre Kinder gewesen – zwei dieser sicher schon Sammlerwert besitzenden Porzellanpuppen sind, allen Zeitläufen, Kriegen und Umbrüchen zum Trotz, bis zum heutigen Tag erhalten geblieben – und sie, die Frau, habe sich in eine irreale Welt geflüchtet, aus der auch er, trotz all seiner Fürsorge, sie nicht mehr habe herausholen können. Da er zuletzt mit der Pflege seiner Frau überfordert gewesen sei, habe er sie in einem Heim untergebracht, wo sie dann auch im Jahr 1932 gestorben sei. Woran? Das sei nie so richtig festgestellt worden, Hysterie vielleicht oder Melancholie, jedenfalls nichts Organisches – und sie sei immer schon labilen Gemüts gewesen. Sie stammte aus wohlhabender Familie und war mit einer jüngeren Schwester, dem *Clärchen,* aufgewachsen. Nach dem frühen Tod ihrer jüngeren Schwester von der, im Zuge der Spurensuche, einige Fotografien und ein vor mehr als einem Jahrhundert geführtes Tagebuch ans Licht kamen, das einen fragmentarischen Einblick in das Leben eines jungen Mädchens aus gutem Haus gibt, dürfte sich der schon auf frühen Fotografien erkennbare bittere Zug um *Friedas* rechten Mundwinkel verstärkt haben.

Eine fotografische Bildkomposition aus dem Jahr 1902 zeigt die Schwestern, *Frieda* als junge Frau - sitzend - und *Clärchen*, als etwa zwölfjähriges Mädchen, an die ältere Schwester geschmiegt - stehend -, ein Bild liebevoller Eintracht. Danach, noch zwei Bilder von *Frieda* als junger Frau, jeweils in Begleitung ihres Ehemannes, einmal offenbar vor dem Eingang zur gemeinsamen Wohnung im Gang eines Hauses, dessen Bodenfliesen auf ein Gebäude aus der Gründerzeit schließen lassen; das andere Mal in einem Kaffeehaus am Tisch mit einem anderen Ehepaar. Der Ehemann trägt Uniform - da er im Zivilberuf Lehrer war, kann man wohl davon ausgehen, dass diese Fotografie während der Zeit des Ersten Weltkrieges gemacht worden war. Auf späteren Fotos sieht man, neben ihrem Ehemann stehend oder vor ihm sitzend, eine Frau von unförmiger Gestalt, mit seltsam maskenhaftem Gesichtsausdruck, leerem, nach innen gekehrtem Blick und dem abwärts weisenden rechten Mundwinkel.

Stand das Leben dieser Frau von Anfang an unter einem unglücklichen Zeichen oder gab es ein Ereignis, das ihre innere Erstarrung zur Folge hatte? Die Fragen nach den näheren Umständen des Lebens jener Frau, die das Kind gerne gestellt hätte, konnte es damals in dieser Form nicht artikulieren und heute ist von denen, die schlüssige Antworten hätten geben können, niemand mehr am Leben. Es gibt nur ein paar Hinweise - die schon erwähnten und ein paar weitere Fotografien, Korrespondenzen und *Claras* Tagebuch, das die Zeit vom 31. Dezember 1907 bis zum 7. April 1908, also gerade etwas mehr als drei Monate, umfasst und in französischer Sprache abgefasst ist - entweder zum Zweck besserer Geheimhaltung oder weil das junge Mädchen diese Monate in Neuchâtel in der Schweiz verlebte. So erfährt man, dass die Schreiberin sich offenbar zur Stimmausbildung in Neuchâtel aufhielt, unter der Obhut eines Fräulein *Lenk*, vermutlich einer Gesellschaftsdame und eines Herrn *M.*, dessen Funktion, Name oder Rolle im Dunklen bleiben. Geht man davon aus, dass *Clara* auf der erwähnten Fotografie aus dem Jahr 1902 zwölf oder maximal 13 Jahre alt ist, so war sie zum Zeitpunkt der Abfassung der Tagebuchnotizen siebzehn oder höchstens achtzehn Jahre, was durch ein Gruppenfoto aus dem gleichen Jahr bestätigt erscheint, auf dem ein gutes Dutzend weißgekleideter Mädchen, unter ihnen *Clara*, in Herrenbegleitung zu sehen sind - vielleicht Debütantinnen bei einem Gesellschaftsereignis. In den drei Monaten, über die das junge Mädchen in regelmäßigen Eintragungen berichtet, erlebt sie ihre erste große Liebe, natürlich eine heimliche, mit einem jungen Mann, der von ihr nie namentlich genannt wird und nur als „*le Zofingien*", der *Zofinger*[1], bezeichnet wird. Das langsame Entstehen dieses noch nie gekannten Gefühlserlebnisses wird von dem jungen, liebesunerfahrenen Mädchen mit viel Sensibilität berichtet - das Tagebuch endet mit der Schilderung eines nächtlichen Spaziergangs und den wilden Küssen ihres Geliebten - „*Chéri, mon bien-aimé, baise moi oh baise moi, à la folie; mourir dans tes bras dans un baiser d'amour, cela serait le plus beau pour moi sur cette terre.*"[2]

Der Blick in dieses vor mehr als hundert Jahren verfasste Tagebuch könnte, vielleicht, einen Schlüssel zum Verständnis des Unglücks von *Claras* älterer Schwester *Frieda* anbieten, auch wenn es nur sehr wenige und vielfach nicht mehr genau datierbare Hinweise dafür gibt. Da weder über den frühen Tod der jungen *Clara* noch über die Kinderlosigkeit und die damit begründete „Gemütskrankheit" *Friedas* je Erklärendes gesagt wurde, kann man heute nur versuchen, den Gründen und Ursachen eines von der Betroffenen offenbar schicksalsergeben angenommenen Siechtums nachzuforschen.

Im September 1907 erhielt Frl. *Clärchen K.* eine als Postkarte versandte Fotografie, die zwölf junge Paare zeigt, die, wie aus dem Text auf der Rückseite hervorgeht, gemeinsam einen Tanzkurs besucht hatten: „*Übersende Ihnen hiemit eine Copie unseres seligen Sep. Tanzkurses, welcher sich zu Weihnachten wieder zusammenfinden wird um eine Julfeier zu veranstalten ...*" *Clara* ist deutlich neben einem jungen Mann sitzend auf der Fotografie zu erkennen, wirkt gesund und frisch – am Rand dürfte von der Korrespondenzkarte ein kleiner, vielleicht drei Millimeter breiter Streifen abgeschnitten worden sein, gerade so, dass die Fünf-Heller-Briefmarke nicht beschädigt, der Name des Unterzeichners aber fast unleserlich wurde – er könnte *Albert Pilz* lauten. War dieser junge Mann jener *Zofinger*, von dem im Tagebuch der jungen *Clara* unentwegt, aber mit diskretem Verschweigen des Namens, die Rede ist? Wurde vielleicht deshalb im Nachhinein versucht, seine Unterschrift teilweise unleserlich zu machen? Allerdings beendet er seine Nachricht mit eher sachlichen Grußworten: *Mit herzlichen Grüßen - Ihr „zusorgebewußter" A. P.* Hat sich, seit etwa hundert Jahren, der Sprachgebrauch verändert oder steckt in der Wahl dieses ungewöhnlichen „zusorgebewußt" vielleicht ein Hinweis darauf, dass der junge Mann zaghafte Annäherungsversuche unternommen hatte und gerade so viel von sich preisgab, wie in bürgerlichen Kreisen damals möglich und zulässig war? Unter den aufgefunden Papieren war diese Fotografie die letzte von *Clärchen K.*, die eindeutig datierbar ist. Wurde diese Korrespondenzkarte als Erinnerungsstück von ihr und danach von ihrer Schwester *Frieda* oder von deren Ehemann ausdrücklich oder nur zufällig aufbewahrt? Jedenfalls gibt es nach dieser im September 1907 verschickten Korrespondenzkarte, mit Ausnahme des erwähnten und bis zum 7. April 1908 geführten Tagebuchs, keinen weiteren Nachweis von der Existenz *Clärchens*; da es von ihr immer hieß, *sie sei sehr jung gestorben* , erscheint der Schluss zulässig, dass ihr Tod bald danach eingetreten sein musste.

Claras Schwester *Frieda* war damals, im Jahr 1908, wohl schon verheiratet – sie war ja fünf oder sechs Jahre älter als ihre Schwester und somit fast Mitte Zwanzig, ein Alter in dem Frauen aus bürgerlichen Familien, mit ausreichender Mitgift ausgestattet, üblicherweise nicht mehr ledig waren; allerdings existiert keine Heiratsurkunde mehr, die diesen Umstand belegen könnte. Möglicherweise war sie auch schwanger gewesen, eine Mutmaßung, die sich auf einen Text stützt, der auf der Rückseite einer, allerdings nicht datierten, einem Brief an *Friedas* Eltern beigelegten Fotografie des Ehemannes, von seiner Hand vermerkt ist: „*Statt aller Briefe das Zeichen unseres Befindens und Wohlbehagens, 65,9 kg schwer - er. 55,5 kg schwer sie. Mit Küssen, Eure dankschuldigen Kinder und Enkel Frieda u. M.*“ Konnte das Ehepaar damals damit rechnen, Friedas Eltern, wie man zu sagen pflegte, einen Enkel zu schenken? Eine weitere Jahre später an *Friedas* Vater gerichtete und laut Poststempel in Wien am 24. Mai 1918 verschickte Korrespondenzkarte enthält eines der wenigen Zeugnisse von *Friedas* eigener Handschrift und einen kindlich anmutenden Text: „*Mein liebes Pappchen! Mir ist sehr bange nach Dir, möchtest Du nicht einmal herkommen ... Mir geht es gar nicht gut ... innigst, Dein Dich liebendes Kind Frieda.*“ Die Vorderseite der Postkarte zeigt ein Foto des Paares, sie trägt ein Schoßhündchen im Arm, er stützt sich auf einen Stock – der Bildhintergrund lässt an den Park einer Kuranstalt denken. Die Frau auf dem Bild erscheint zerbrechlich zart und erinnert so gar nicht an das damals vertraute Bild einer Frau mittleren Alters, die sie 1918 wohl gewesen sein musste.

Das Paar hatte nie Kinder – vielleicht weil sie übereingekommen waren, angesichts der schweren Zeiten der Kriegs- und Nachkriegsjahre, keine Kinder in die Welt zu setzen? Aber er hatte ein sicheres Einkommen als Mittelschullehrer und sie war vermögend. Wollte *Frieda* keine Kinder oder konnte sie keine – mehr – bekommen? War sie damals, wie es der Beitext auf der Fotografie vermuten lassen könnte, schwanger gewesen und hatte sie ihr Kind verloren? Oder war *Clärchens* früher Tod die Folge einer ungewollten Schwangerschaft und ließ das Schicksal ihrer Schwester *Frieda* in eine Depression – Melancholie nannte man es damals wohl – verfallen und die Annäherungen ihres Ehemannes ablehnen? Es gibt ein ebenfalls undatiertes, sehnsuchtsvolles Ostergedicht, das der Ehemann für seine in Gablonz, ihrem Geburtsort, sich aufhaltende Ehefrau *Frieda* verfasst hatte – lebten die Eheleute also zeitweise getrennt und war sie zu ihren Eltern zurückgekehrt ? Wann hat *Frieda* die Perlenkette, die ihr Mann ihr geschenkt hatte, ins Feuer des Kamins geworfen?

Auf späteren, zu Ende der 20-er Jahre des vorigen Jahrhunderts aufgenommenen Fotografien erkennt man eine dickliche Frau mit ausdruckslosen Zügen, einem herabhängenden rechten Mundwinkel, unbeholfen, Ratlosigkeit im Blick, fremd in einer Welt, die für sie bedeutungslos geworden zu sein scheint. Eine letzte Notiz, vermutlich von ihrer nun schon recht ungelenken Hand, findet man auf der Rückseite eines Gruppenbilds von Kurgästen, unter ihnen sie selbst und ihr Mann, vor der Trinkhalle von Bad Hall: „*Anbei ein Conterfei vom miesen Haller Aufenthalt…*" Gemessen an der Trostlosigkeit dieses Grußkartentextes erscheint der Gefühlsausbruch, der diese Frau veranlasst hatte, sich in einem symbolischen *Autodafé* von dem zu trennen, was sie mit ihrem Ehemann verband, indem sie die Perlenkette ins Feuer warf, noch als vitaler Ausdruck der Selbstbefreiung, bevor sie ins Dunkel der Ablehnung und des Wegleugnens all dessen, was ihr Leben ausmachte, versank.

Nach ihrem Tod beerbte sie ihr Mann und erwarb auf diese Weise jenes Vermögen, das er gegen Ende der dreißiger Jahre, rechtzeitig vor der Enteignung durch das Nazi-Regime, zumindest teilweise zu Geld machen konnte, sodass er termingerecht die einzelnen Raten der JUVA[3] entrichten konnte und – zumindest auf Zeit – der Deportation in ein Konzentrationslager der Nazis entging.

Eine Ehe in Zeiten des Krieges

„Die ersten lieben Grüße sendet Dir Dein Söhnchen und Dein glückliches Frauchen. Habe heute Nacht um ½1 Uhr entbunden. Es tut mir eigentlich leid, daß Dein Wunsch nicht in Erfüllung gegangen ist. Aber Du wirst auch Deinen Buben lieb haben…" Mit diesen Worten wurde am 13. Juli 1944 einem jungen, im Fronteinsatz stehenden Soldaten die Geburt seines Sohnes mitgeteilt. Der Soldat und die Mutter des Kindes hatten zwei Monate zuvor geheiratet, ein Hochzeitsfoto zeigt den Mann in Uniform, die junge Frau in einem schlichten schwarzen Kostüm und weißer Bluse, einen Bund welken Flieder im Arm – eine Hochzeit in Zeiten des Krieges und der Entbehrungen. Die jungen Eltern hatten einander im Jahr davor kennen gelernt, als der österreichische Wehrmachtsangehörige zu einem Ernteeinsatz auf den pfälzischen Spargelfeldern abkommandiert war; sie waren einander nahe gekommen, so wie es sich in jenen Zeiten eben ergab, ohne allzu sehr an eine Zukunft zu denken, von der man nicht wusste, ob es sie überhaupt geben würde. Und als der jungen Frau klar geworden war, dass dieses Liebesverhältnis nicht ohne Folgen geblieben war, ihre Eltern sie jedoch wegen untragbarer Familienschande vor die Türe setzten, fuhr sie nach Wien, zur Mutter des Vaters ihres ungeborenen Kindes und fand bei ihr in einer engen Zweizimmerwohnung im zweiten Wiener Gemeindebezirk Aufnahme. Hier heirateten die jungen, werdenden Eltern im Mai 1944 anlässlich eines kurzen Fronturlaubs des Mannes, dem die Frau dann, etwa zwei

Monate später, die Geburt seines Sohnes in einem mit Bleistift geschriebenen und bis heute erhaltenen Brief mitteilte.

Nach ihrer Entlassung aus dem Brigittaspital, das bald danach von Bomben getroffen und völlig zerstört wurde, kehrte die junge Mutter mit ihrem Kind in die Wohnung der Schwiegermutter zurück. Die beiden Frauen sorgten gemeinsam für das Kind, der Vater stand im Fronteinsatz an der schon längst nicht mehr real existierenden, aber in Nazi-Propagandareden immer noch als „Bollwerk gegen den Bolschewismus" hochstilisierten Ostfront. Es sollte noch fast ein Jahr dauern, bis er seinen kleinen Sohn in die Arme schließen konnte.

Mitte April 1945, als im Westen der Krieg schon zu Ende war und endlich auch Wien die blutigen Straßenkämpfe zwischen Truppen der deutschen Wehrmacht auf dem Rückzug und herandrängender Roter Armee überstanden hatte, wurde der Mann im tschechisch-ukrainischen Grenzgebiet bei einem Gefecht schwer verwundet. Ein Granatsplitter streifte ihn am Hinterkopf und hob ihm die Schädeldecke ab – zu seinem Glück hatte er vorher den Helm abgelegt, denn es war ein für die Jahreszeit ungewöhnlich warmer Tag gewesen, andernfalls hätte ihm der Granatsplitter mit dem Helm auch den Kopf vom Rumpf gerissen; so aber blieb er mit abgehobener Schädeldecke schwer verletzt liegen und wurde von Sanitätern ins nächstliegende Lazarett gebracht. Auch hier fehlte es an allem, vor allem an Ärzten, Verbandszeug und Medikamenten, doch der junge Soldat hatte eine gute Konstitution und den festen Willen zu überleben. Nach überstandener schwerer Gehirnerschütterung, einer zwei Wochen andauernden Erblindung und Störungen des Gleichgewichts beim Gehen und Bücken wurde er, notdürftig verbunden, auf einen Fußmarsch zurück in die Heimat, die nun wieder Österreich hieß, geschickt; vor den herannahenden Truppen der Roten Armee war das Feldlazarett geräumt und alle auch nur annähernd gehfähigen Rekonvaleszenten rasch in Marsch gesetzt worden, um zu verhindern, dass sie in russische Kriegsgefangenschaft gerieten. Etwa zehn Tage marschierte er, zusammen mit vielen anderen, über Straßen und Wege, auf denen ihnen von den ortsansässigen Bevölkerungen der blanke Hass gegen Soldaten des Dritten Reichs entgegenschlug, ein Hass, den wohl viele der jungen, entwurzelten, an Leib und Seele vielfach schwer beschädigten Soldaten teilten, nicht wissend, was sie zu Hause erwarten würde und stets mit der kleinen Hoffnung darauf, dass die auszustehende Mühsal nicht umsonst wäre und sie den russischen Truppen, die ihnen auf den Fersen waren, nicht in die Hände fallen würden.

Mit seiner Frau, der Mutter seines nun bald einjährigen Sohnes, hatte der junge Mann bis jetzt nur einige wenige Tage verbracht, vor nicht ganz zwei Jahren in Deutschland, als sie einander kennen lernten, danach, vor etwa einem Jahr, bei seinem Heiratsurlaub und bei einigen Tagen Fronturlaub anlässlich der Geburt seines Kindes. Er wusste nicht, ob sie und das Kind die Bombenangriffe und die von manchen berichtete Gesetzlosigkeit der ersten Tage der Machtübernahme durch Truppen der Roten Armee lebend überstanden hatten, ob sie sich und das Kind ausreichend versorgen konnte oder ob sie nicht, zusammen mit seiner Mutter, so wie viele andere, aus der von Truppen der Siegermächte belagerten Stadt geflohen und irgendwo am Land untergekommen war. Er wusste nur, dass er weiter marschieren musste, immer den Rücken seines Vordermannes im Blick und gepeinigt vom bohrenden Schmerz an seiner Kopfwunde.

Er erreichte Wien und fand Frau und Kind an der Wohnadresse seiner Mutter; seine Frau hatte nun, in den schwierigen Nachkriegsmonaten, nicht nur ein Kleinkind, sondern auch einen Kriegsversehrten zu pflegen und zu versorgen, der sich nur langsam von seiner schweren Verwundung und den Strapazen des Rückmarsches erholte, aber sie waren das erste Mal in ihrer kurzen Ehe für mehr als nur ein paar Tage zusammen. Getragen von der Hoffnung auf eine langsame Normalisierung ihrer Lebensverhältnisse, auf einen beruflichen Wiedereinstieg und, in weiterer Zukunft, mit der Aussicht auf eine Verbesserung ihrer Wohnungssituation, lernten die jungen Eheleute einander überhaupt erst einmal kennen, wenn auch unter den gegebenen beengten Verhältnissen, in denen die Mutter des Mannes den Ton anzugeben gewohnt war, das junge Paar kaum je die Intimität erleben durfte, die als Grundvoraussetzung einer gelungenen Beziehung angesehen wird. In diesem Punkt allerdings unterschied sich ihre Situation kaum von der der meisten Bewohner zerbombter Städte, in denen nur langsam wieder ausreichend Wohnraum geschaffen werden konnte, um den Menschen ein Leben in Würde zu ermöglichen.

Nach einigen Wochen war der junge Vater wieder halbwegs zu Kräften gekommen und hatte beim *Ausbesserungswerk Floridsdorf*, einer technischen Einrichtung der Bahn, eine Anstellung gefunden – während seiner in Russland verbrachten Jugendjahre hatte er den Beruf des Werkzeugmachers erlernt und beherrschte überdies akzentfrei die Sprache der Angehörigen jener Besatzungsmacht, die in seinem Wohnbezirk den Ton angab. Die Eheleute begannen an das, was man den „Aufbau einer Zukunft" nennt, zu denken, allerdings unter ausnehmend schlechten Startbedingungen. Gesundheitlich geschwächt und mit geringem Einkommen, das kaum zur Deckung der Grundbedürfnisse reichte, geschweige denn zur Versorgung mit etwas besseren Lebensmitteln auf dem an bestimmten Plätzen in Wien blühenden und zeitweise auch tolerierten Schwarzmarkt, versuchten sie ihr Leben in den Griff zu bekommen. Doch schien eine gemeinsame Zukunft zumindest möglich und in etwas hellerem Licht als noch ein Jahr zuvor, umso mehr als sie jetzt eine eigene kleine Wohnung beziehen konnten und nun endlich wie Eheleute zusammen lebten.

Allerdings ließ der in der Chronik der ersten Nachkriegsjahre als „besonders kalt“ bezeichnete Winter 1945/46, der zwar in Dauer und Intensität des Frosts nicht an den nachfolgenden Winter 1946/47 heranreichte, aber vermutlich wegen des verbreitet herrschenden Brennstoffmangels als besonders hart empfunden wurde, eine große Zahl von mangelernährten und schlecht gekleideten Menschen an den gehäuft in dieser Jahreszeit auftretenden Erkältungen erkranken. Auch die junge Frau laborierte lange an einem grippalen Infekt, klagte über Kopfschmerzen, die immer quälender wurden und über Atemnot. Da die Symptome ihrer Erkrankung nicht abklingen wollten, suchte sie eine Spitalsambulanz auf, vermutlich in der Hoffnung, hier vielleicht doch jene Medikamente zur Infektionsbekämpfung zu erhalten, die in den Apotheken im ersten Nachkriegswinter nicht zu bekommen waren. Auf einer am 22. März 1946 auf ihren Namen ausgestellten Ambulanzkarte des *Lainzer* Krankenhauses ist zwar als Diagnose eine beidseitige Siebbeineiterung vermerkt, jedoch kein Hinweis auf irgendwelche therapeutischen Maßnahmen.

Der weitere tragische Verlauf dieser, heute wie damals, mit einigen Antibiotikagaben rasch zum Abklingen zu bringenden Erkrankung wird aus den wenigen, aus jenen Tagen erhaltenen, vergilbten Zetteln und Urkunden deutlich. Einige Tage nach dem Besuch in der Ambulanz des *Lainzer* Krankenhauses verfügte der nun doch konsultierte praktische Arzt die Spitalseinweisung der inzwischen schwer kranken jungen Frau. In der handschriftlich ausgefüllten *Ärztlichen Bestätigung* heißt es: *„Zwecks Überführung zur Operation bitte ich um Beistellung eines Transportmittels (Taxi!).“* Ob die Operation tatsächlich durchgeführt wurde, lässt sich heute nicht mehr feststellen, ebenso wenig wie die Frage geklärt werden kann, ob die Fahrt ins Spital tatsächlich mit einem Taxi erfolgte; an einen Krankentransport mit einem Rettungswagen war unter den damals herrschenden Bedingungen des Mangels und der Geldnot offenbar ohnehin nicht zu denken. Aus einer hektographierten Benachrichtigung des Krankenhauses der Stadt Wien – *Lainz* an den Ehemann der jungen Frau geht lediglich hervor, dass sie am 11. April 1946 im Spital gestorben ist, vermutlich weil es damals nicht gelang, das benötigte *Aureomycin*, ein Antibiotikum, das im amerikanischen Sektor der Stadt möglicherweise aufzutreiben gewesen wäre, rechtzeitig zu beschaffen und zur Behandlung einzusetzen. „*... nach langem, schwerem Leiden im 26. Lebensjahre sanft entschlafen*" liest man in der Todesnachricht und unter den trauernden Angehörigen sind nur ihr kleiner Sohn und ihr Ehemann vermerkt.

So endete eine Ehe, bevor sie eigentlich als Lebensgemeinschaft zu existieren begonnen hatte, bevor die beiden jungen Menschen, kaum dem Grauen des Krieges dank einer Reihe glücklicher Zufälle entronnen, einander überhaupt erst kennen lernen konnten. Als der Junge, ihr gemeinsames Kind, viele Jahre später, als ihm der frühe Tod seiner leiblichen Mutter mitgeteilt worden war, vorsichtig nach ihr zu fragen begann, stellte der Vater fest, dass er nicht viel über die Mutter seines Sohnes zu berichten wusste – was hatten sie schon miteinander erlebt? Wieviel Zeit hatten sie denn tatsächlich miteinander verbracht? In der verklärenden Erinnerung blieb das Bild einer fremden, jungen Frau die, befangen lächelnd, ihren Blick auf einen Punkt in der Ferne richtet, mehr nicht.

Vater unerwähnt

„Dieser Vater ist nicht einmal ein Schatten, ein Blick: wir beide haben, er und ich, eine Zeitlang die gleiche Erde bewohnt, das ist alles.“
(*Jean-Paul Sartre, Die Wörter*)

Es ist die Geschichte einer Beziehung, die nie zustande kam, weil die Betroffenen sich in ihr nicht zurecht fanden und sie, vermutlich, auch gar nicht wollten.

Nicht ganz einen Monat nachdem ein nicht unerheblicher Teil der österreichischen Bevölkerung sich nicht nur widerstandslos der tödlichen Umarmung der Hitlerei hingegeben hatte, sondern in hurrapatriotischer Glückseligkeit in ihr auch Erfüllung zu finden hoffte, erreichte der Brief einer jungen Frau seinen Adressaten in Wien. Auszugsweise heißt es darin: „*... es muß nun mal gesagt werden: Ich erwarte ein Kind und zwar wird es ein uneheliches Kind sein. Ich komme nun zu Dir und bitte Dich: Darf ich nachhause kommen? Wirst Du mir helfen wollen und können ? Da das Kind im November kommt, werde ich das ganze nächste Spieljahr zu Hause sein müssen, im übernächsten hoffe ich ja wieder in meinen Beruf zurückkehren zu können...*“ Wie die Antwort des Empfängers des Briefes ausfiel, ist nicht bekannt, doch war im politisch ruhelosen Jahr 1938 die Aussicht auf die Geburt eines unehelichen Kindes wohl etwas das jede Familie, ob reich oder arm, ob politisch angepasst oder missliebig, sich sicherlich am wenigsten wünschte. So wurde im Frühjahr 1938 der jungen Frau die, um ihre Frühschwangerschaft wissend, die Heimfahrt nach Wien antreten wollte, von Familienseite der dringende Rat gegeben, ihre Reiseroute doch über Prag zu wählen, wo Schwangerschaftsabbrüche noch durchgeführt werden konnten – in Wien war zu jenem Zeitpunkt nicht mehr daran zu denken. Der Vater der jungen Frau aber, der Empfänger des erwähnten Briefes, bekannte sich zu ihrem Vorhaben, dieses Kind zur Welt zu bringen und sicherte ihr seine Hilfe zu. Sie selbst wollte sich von einem Kind, das sie zwar nicht ausdrücklich gewollt hatte und das zu verhindern ihr Geliebter bestrebt gewesen war, jetzt, da es nun einmal in ihr heranwuchs, nicht trennen und sie beschloss, ihm die Chance auf das Leben nicht von vornherein zu nehmen. Dass ihr ohnehin nur wenig abgesichertes eigenes Leben, gemeinsam mit dem Leben des Kindes, nun um einiges prekärer werden würde, war ihr wahrscheinlich nicht bewusst; vielleicht hatte sie diesen Gedanken auch nur mutig beiseite geschoben.

Der Vater des Kindes hingegen war viel zu sehr mit Problemen der Selbstfindung und mit der Angst vor den am Horizont immer bedrohlicher irrlichternden Vorboten des Kriegsfeuers in Anspruch genommen, um sich mit der Befindlichkeit einer jungen Frau, die er geschwängert hatte, auseinander zu setzen. Einen Brief an sie vom 9. Oktober 1938 – also sechs Wochen vor der erwarteten Geburt seines Kindes – hatte er mit den Worten geschlossen: „*Ich hoffe jedenfalls, dass es Dir besser geht als mir. Ich bin halt ein altes Wrack, körperlich und seelisch...*“ – er war damals gerade 34 Jahre alt.

Als das Kind geboren war, fand es seinen Platz neben einer sehr jungen und bald nach ihrer Niederkunft wieder ihrem Beruf nachgehenden Mutter und im Kreis einer unverhältnismäßig großen Zahl älterer und alter Menschen, die ihm teils wohlwollend, teils kritisch gegenübertraten; für sein späteres Leben blieb ihm eine viszerale Abneigung gegen lachende Gebisse, die seinem Gesicht zu nahe kamen. Zu anderen Kindern hatte es bis zum Schuleintritt kaum Kontakt. Einen Vater hatte es nicht, doch war, zu jener Zeit, zeitweilige Vaterlosigkeit die gesellschaftliche Norm. Erst als das Kind zur Schule ging und erlebte, wie Fotografien von noch lebenden oder schon gefallenen Vätern vorgezeigt wurden, stellte es fest, dass es nicht nur keinen Vater, sondern auch kein Bild eines Vaters hatte, über dessen Vermittlung eine Beziehung hätte hergestellt werden können. In seiner Geburtsurkunde waren in den Zeilen, in denen üblicherweise der Name des Vaters vermerkt wird, nur ein paar Striche eingetragen – auf Wunsch der Mutter blieb der Name des Vaters unerwähnt.

Fast hätten sich nach dem Ende des wahnsinnigen Gemetzels des Zweiten Weltkrieges, in dessen Folge Europa in zwei Teile geschnitten wurde, die Lebensbahnen des Kindes und seines Vaters ein erstes Mal gekreuzt. In den Wirren einer in Auflösung begriffenen, kriminellen Herrschaftsstruktur war es dem Mann, der bis dahin nicht Vater sein konnte oder wollte, gelungen, sich von der Truppe zu entfernen und sich bis zu seinem Heimatort in Thüringen durchzuschlagen. Viele wanderten damals quer durch Europa, vertrieben, auf der Suche nach einer möglichen Bleibe, auf der Flucht vor nachdrängenden Truppen oder einfach von Angst, Verzweiflung, Not und Hunger getrieben, in der Hoffnung irgendwo Zuflucht zu finden. Der Mann erreichte in Fußmärschen seinen Heimatort, zu dem er später in seinem Leben nie wieder zurückkehren konnte, denn dieser befand sich in jenem Teil Deutschlands, der bald danach, mehr als vierzig Jahre lang, vom westlichen Teil Europas abgeschnitten werden sollte. Bevor jedoch diese politische Trennlinie Realität geworden war, war es dem Mann gelungen, von der ihm als Erbteil zustehenden Habe seiner Familie so viel in einen Rucksack zu packen, dass er meinte, damit die eigene und – warum nicht auch – die Existenz einer Familie zu begründen. Er schrieb an die Mutter seines Kindes, deren Name und Adresse ihm irgendwie und trotz aller Umbrüche und Verwerfungen der Kriegsjahre in Erinnerung geblieben waren, dass er, da es ihm gelungen war den Krieg zu überleben, nun für sie und das Kind sorgen und jetzt all das nachholen wolle, was er sieben Jahre lang verabsäumt hatte.

Nur lässt sich im Leben Versäumtes nicht unbesehen nachholen. Die Mutter seines Kindes ließ ihn wissen, dass sie in der Zwischenzeit geheiratet hätte und sein Kind in eine Familie hineinwüchse, in der für ihn jetzt und in Zukunft kein Platz wäre. Ob der Mann unter dieser Zurückweisung seines Angebots gelitten hat oder ob er sich vielmehr erleichtert und wieder ganz frei fühlte, ist nicht berichtet und es lässt sich darüber nur mutmaßen. Das Kind jedoch, das als Familiennamen den Mädchennamen seiner Mutter führte, erkannte bald, dass es in diesem Punkt nicht der Norm entsprach und es begann haarsträubende Geschichten zu erfinden, um vor seinen Schulkameraden diese Anomalie zu kaschieren: „*Sein Vater wäre im Augenblick der Hochzeit vor dem Altar tot zusammengebrochen, noch bevor die Brautleute einander hätten das Jawort geben können...*" oder „*die Mutter hätte einen Mann gleichen Namens geheiratet, der danach im Krieg gefallen sei...*" und ähnliche Phantastereien. Natürlich glaubten die Klassenkameradinnen, die das Kind mit neugierigen Fragen bedrängt hatten, diese Rechtfertigungsphantasien nicht und tuschelten untereinander mehr oder weniger diskret darüber, dass sie sicher eine „*Ledige*" sei.

Dieser Umstand der ledigen Geburt war dem Jugendamt von Anfang an bekannt gewesen. Amtspersonen hatten einerseits immer ein prüfendes Auge auf das Kind und seine Erziehungsberechtigten gehabt; andererseits wähnte sich die Behörde, sobald sie in allen ihren Strukturen wieder vollamtlich funktionierte, verpflichtet, nach dem „*leiblichen*" Vater des Kindes „*zwecks Alimentation*" zu suchen. Viele Jahre blieben diese Nachforschungen erfolglos, denn der Mann, der zwar namentlich bekannt war, von dessen Wohnort man aber nicht mehr wusste, als dass er im westlichen Teil Deutschlands zu vermuten war, da er nach dem Ende des Krieges von dort zuletzt in dem erwähnten Brief an die Mutter seines Kindes von sich hatte hören lassen, schien verschollen zu sein. Nach

Jahren erfolgloser amtlicher Suche aber kam, für das Kind, das nun schon herangewachsen war, völlig unerwartet die Nachricht, sein Vater sei ausgeforscht worden und einem Kontakt zu seiner Tochter nicht abgeneigt: Er lebe in einer norddeutschen Stadt, arbeite in einem musikbezogenen Beruf bei einer Rundfunkanstalt und führe insgesamt ein ruhiges Leben. Es folgten einige Jahre der Korrespondenz, in der Vater und Tochter jeweils versuchten jene Vorstellungen zu bedienen, die ihrer Ansicht nach für den Korrespondenzpartner dem Bild eines Vaters beziehungsweise einer Tochter zu entsprechen hatten - das heißt, sie blieben einander völlig fremd.

Erst Jahre später, als Vater und Tochter einander in einem Tiroler Urlaubsort erstmals trafen, versuchten sie einander kennen zu lernen. Sie waren beide frisch verheiratet - der Vater in später Ehe mit einer Kriegswitwe die, wie er offenbar zu seiner Rechtfertigung geschrieben hatte, *„nur ganz kurz mit einem jungen Soldaten verheiratet gewesen war, der in den ersten Kriegsmonaten gefallen war“*, die Tochter in ganz junger und von der Familie mit Ratlosigkeit zur Kenntnis genommener Ehe mit einem Studiumskollegen. Beide Hochzeiten hatten im selben Jahr statt gefunden und vier Menschen trafen einander in einem Tiroler Berggasthof. Vater und Tochter stellten - nahezu mit Befremden - ihre Ähnlichkeit in äußerlichen Merkmalen fest, die so deutlich zu Tage trat, dass sie einander wie selbstverständlich erkannten und doch fühlten sie sich nicht zueinander hingezogen; sie verblieben, und daran sollte sich bis zum späten Tod des Vaters nichts ändern, in einem Zustand artiger Distanz. In dieser einzigen gemeinsam verlebten Spätsommerwoche im Gebiet des Aachensees gewann, mit der Zeit und nach dem Verebben der Fremdheitsgefühle, die für Beziehungen zwischen Menschen aus dem Norden Deutschlands und dem österreichischen Raum schon allein auf Grund des unterschiedlichen Gebrauchs derselben Sprache so typisch sind, das Verhältnis zwischen den Frauen an Intimität, jenes zwischen den Männern an Herzlichkeit, da jeweils gemeinsame Interessen festgestellt werden konnten – Vater und Tochter aber kamen sich in diesen Tagen nicht wirklich näher.

Gelöst werden konnte im Verlauf dieser gemeinsam verlebten Woche jedoch das Rätsel der viele Jahre dauernden Unauffindbarkeit des Vaters – nach dem nahezu allabendlich stattfindenden Lichtbildervortrag über den Aachensee und seine Umgebung, mit Urlaubsfotos aus einem der vorangegangenen Jahre und einem über den Durst genossenen Glas Wein, kam der Mann ins Erzählen: Gegen Ende der vierziger Jahre, also einige Jahre nach Kriegsende, war er mit seinem Vespa-Motorroller auf einer deutschen Autobahn unterwegs. Er fuhr von München, wo er vergeblich versucht hatte, als Kapellmeister oder zumindest als Korrepetitor Arbeit zu finden, nordwärts zu seiner damaligen Bleibe in Bremen. Es wurde Abend, der letzte Schimmer der Dämmerung verblasste und verlief im Dunkel der Nacht, als plötzlich vor ihm Scheinwerfer auftauchten, die ihn so grell blendeten, dass er nicht erkennen konnte, was sich dahinter verbarg. Er versuchte dem vermeintlichen Hindernis auszuweichen und fand sich, ein halbes oder ein ganzes Jahr später – so genau wusste er es nicht mehr – in einem Spitalsbett wieder. Man erklärte ihm, er habe vor langer Zeit einen Unfall gehabt, sei von seinem Motorroller gestürzt und wäre danach, mit einer Schädelfraktur und multiplen Knochenbrüchen, in eine tiefes Koma gefallen, aus dem er nun, entgegen allen medizinischen Prognosen, ganz offenbar erwache. Das Hindernis, das er in nächtlicher Dunkelheit zu umfahren versucht hatte, war eine amerikanische Militärkolonne gewesen, die die Autobahn in entgegengesetzter Fahrtrichtung benutzt hatte, ein Manöver, das damals, so sagte man ihm, nichts

Ungewöhnliches gewesen sei und das auch, durch entsprechende Beschilderung, allerdings in englischer Sprache, den übrigen Autobahnbenützern mitgeteilt wurde – aber wie viele Deutsche beherrschten damals die Sprachen der Sieger und Besatzer, wie viele waren imstande behelfsmäßig aufgestellte Fahrhinweise in englischer, französischer oder russischer Sprache zu entziffern? Und doch hatte er es nicht ganz so übel getroffen, denn er wurde von den amerikanischen Armeeangehörigen in ein Spital der US-Army eingeliefert und so lange medizinisch betreut und gepflegt, bis er so weit wiederhergestellt war, dass er, im ureigensten Sinn des Wortes, wieder auf *eigenen* Füßen stehen konnte.

Mehr als ein Jahr war seit seinem Unfall ins Land gegangen und die Lebensverhältnisse in Deutschland hatten sich gebessert, so dass er schließlich in seiner neu gewählten Heimatstadt Bremen die Möglichkeit zu beruflicher Entfaltung finden konnte. Von seinem Unfall war ihm zwar keine Erinnerung an das Geschehene geblieben, aber eine quälende Wetterfühligkeit und – wie seine Frau versicherte – immer wieder auftretendes albträumerisches Aufschrecken in der Nacht, wenn er meinte, plötzlich von irgendeinem Licht geblendet worden zu sein und danach ins Leere zu stürzen.

Danach sollten Vater und Tochter noch ein paar Male zusammentreffen, zu kurzen, folgenlosen Begegnungen in Bremen, in Wien, in verschiedenen Kuranstalten, in denen der nun schon betagte Mann seine Altersleiden behandeln ließ. In einem seiner letzten, in krakeliger Greisenschrift, an seine Tochter geschriebenen Brief ist zu lesen: „*... Schreiben ist mir äußerst schwierig, oftmals völlig verhindert. ... Lesen auch sehr erschwert, oft nur mit Lupe möglich. Eine halbe Buchseite ist das äusserste, dann verschwimmt alles vor den Augen. ... Zwei Augenoperationen hab ich nun hinter mir. Ob eine dritte hilft ? Fraglich...*“.

Er lebte danach noch sieben schwere Jahre bis er, fast neunzigjährig, starb.

Lebensliebe

Manche Menschen fallen sehr früh in ihrem Leben in die Verlorenheit einer alle Kräfte des Gefühls und des Verstandes beherrschenden Liebes- und Leidenserfahrung und werden dadurch in Befindlichkeiten gestürzt, in der alle früheren Referenzen ihre Gültigkeit verlieren: Sie verlieben sich, gedanken- und vorbehaltlos, in eine reale oder imaginierte Person, von deren Zuwendung sie existentiell abhängig werden, manche um sich in dieser Beziehung selbst zu finden, andere um sich in ihr zu verlieren, ihre Bedürfnisse und Wünsche zu verraten und sich selbst fremd zu werden; manche aber verfallen einem Wesen, das nur in ihrer eigenen Phantasie lebt und dessen virtuelle Existenz von den Betroffenen selbst gegen die Realität gesetzt wird.

„Ein bisschen bärentatzig und schwerfällig ist sie, singen kann sie auch nicht – ich glaube, man sollte sie zur *Wiesenthal* schicken, damit sie wenigstens lernt, sich etwas graziöser zu bewegen!" – so oder ähnlich wurde über das Kind gesprochen, wenn die Erwachsenen am Teetisch beisammen saßen und sich über Wichtiges und Belangloses unterhielten. *Grete Wiesenthal* führte eine, auch in den Wirren des Zweiten Weltkrieges, in ihrem Betrieb ungestörte Ballettschule, in der Kindern ab dem dritten oder vierten Lebensjahr anmutige Bewegungsabläufe vorgezeigt und eingelernt wurden. Die Inhaberin der Ballettschule und eine junge Frau, von der später bekannt wurde, dass sie *Grete Wiesenthals* Tochter war, bemühten dabei das Bild des majestätisch schreitenden Schwans und zeigten die tänzerisch anmutigen Bewegungen der Arme und Beine und die stolze Kopfhaltung einer menschlichen Schwanenallegorie vor, in klarer Missachtung des tölpelhaften Watschelns dieses Wasservogels, wenn er festen Boden betritt. Neben der Ausbildung der Kinder zu graziösen, elfenähnlichen jungen Menschen pflegte die Ballettschule *Grete Wiesenthal* einmal im Jahr eine Ballettvorstellung in einem öffentlichen Theater zu geben, der nicht nur die Familienangehörigen der auf der Bühne agierenden jungen Tänzer und Tänzerinnen, sondern alle Eleven und Elevinnen der Ballettschule *Wiesenthal* beiwohnten.

In dem Jahr, von dem hier berichtet wird, stand die Aufführung des Märchens *Aschenbrödel* auf dem Programm. Da dem Kind die Geschichte bekannt war, folgte es dem Geschehen auf der Bühne mit geteilter Aufmerksamkeit bis, plötzlich, etwas von ihm Besitz ergriff, das es bis dahin - und es war immerhin schon vier Jahre alt - noch nie erlebt zu haben meinte. Eine Gestalt war auf die Bühne getreten, in einem fließenden Anzug aus weißer Seide, mit braunem, schulterlangem Haar und einer herrischen Anmut in den Gebärden, dass es dem Kind wie Feuer und Eis zugleich wurde und es den Blick nicht mehr von dem Geschehen auf der Bühne wenden konnte. Der Prinz, im weißen Seidenpyjama, ertanzte sich natürlich das reizende Aschenbrödel, doch dieser dem Kind bekannte Ausgang der Märchenerzählung erschien ihm bedeutungslos, denn es war sich seiner Verfallenheit an diese schlanke, hochgewachsene, sehnige, dunkelhaarige Gestalt inne geworden, die sich so sicher bewegte und so genau zwischen der guten Liebsten und den bösen Stiefschwestern zu unterscheiden wusste - dieser Prinz *musste,* und daran war nicht zu rütteln, der Ihre werden!

Erwachsene sind oft der irrigen Meinung, man könne Kinder leicht von einmal gefassten Entschlüssen

oder Wünschen abbringen, man brauche ihnen nur etwas anderes, das ihnen begehrenswert erscheint, vor Augen zu führen und schon hätten sie ihre vordem geäußerten Vorlieben wieder vergessen. Wenn das auch für manche kindlichen Anwandlungen stimmen mag, in einem Fall von *amour fou* ist mit der Ablenkbarkeit oder auch nur Beeinflussbarkeit des oder der Befallenen nicht zu rechnen. Einer Vierjährigen stehen begreiflicherweise nicht allzu viele Möglichkeiten offen, ein Vorhaben von schicksalhafter Notwendigkeit in die Tat umzusetzen, doch die wenigen Druckmittel, über die sie verfügte, setzte sie - zur maßlosen Verblüffung der Erwachsenen - erbarmungslos ein. Es war ihr klar, dass ihr Anspruch auf den Prinzen, der ja von seiner Vereinnahmung noch gar nichts wusste, augenblicklich angemeldet werden musste und dass weder ein *„Ich will...“* noch ein *„Bitte...“* in dieser Sache erfolgversprechend sein würden. Die Vorführung war kaum zum Ende gekommen, sie hatte den Theatersaal an der Hand der Großmutter gerade verlassen, als sie mit bebender Stimme, wie in Trance, vor sich hin sagte: „Du hast den Prinzen gesehen - den *muss* ich haben!“ und auf die scherzhafte Erwiderung: „Ja freilich, den wollen alle gern haben...“ beharrte sie auf ihrem Anspruch: „Bei mir ist das etwas anderes - ich *muss* ihn haben, sonst sterbe ich.“
Wieder einmal musste das Kind die Erfahrung machen, dass Erwachsene zwar vom *Kindermund* hingerissen sind und kindliches Geplauder gerne als eine reizende Form von verkürztem Weltverständnis weitererzählen, dass sie aber nicht bereit sind, kindliche Aussagen auch wirklich ernst zu nehmen. Auch in diesem Fall drückte die Großmutter, Verständnis heuchelnd, die Hand des Kindes und meinte, begütigend: „Bis dahin hat's ja noch ein bisschen Zeit und da werden noch viele kommen, für die Du wirst sterben wollen - vielleicht auch einmal einer für Dich...“

Das Kind erkannte, dass sein Begehren nicht in seiner vollen, dramatischen Schärfe wahrgenommen worden war und überlegte, wie es seiner existentiellen Notlage angemessenen Ausdruck verleihen könnte, so dass auch Erwachsene nicht einfach darüber hinweggehen könnten. Während der Heimfahrt mit der Stadtbahn saß es, ganz gegen seine Gewohnheit, still auf seinem Platz und schien in sich versunken zu sein. In Gedanken sah es den schlanken, jungen Prinzen im weißen Gewand stolz auf das in Schönheit erblühende Aschenbrödel zuschreiten und es als Braut seinem Vater, dem edlen König, zuführen. „*Das also ist das Leben…*" dachte das Kind und weiter lockten es verführerische Bilder, in die es an der Hand des Geliebten nur hineinzutanzen brauchte.

Doch die Wirklichkeit des nasskalten Vorwinterabends ließ die Bilder von Glück und Erfüllung verlöschen und der Schmerz über die Abwesenheit des geliebten Prinzen ergriff vom Bewusstsein des Kindes in einem Maße Besitz, wie es dieses Gefühl der Wehrlosigkeit und des Ausgesetztseins noch nie erlebt hatte. Es war ein harter, trockener Schmerz, der sich nicht in Schluchzen lösen wollte und es in der Absicht bestärkte, nur im grenzenlosen Glück seiner erfüllten *Lebensliebe* weiterleben zu wollen oder vielmehr zu können. Da dieses Ziel nur mit der Hilfe der Erwachsenen zu erreichen war, musste das Kind sie von der Ernsthaftigkeit seines Entschlusses überzeugen, entweder den Prinzen und seine Liebe zu gewinnen oder sterben zu müssen. So ließ es sich in eine Art Erstarrung fallen, warf sich auf das Sofa, auf dem seine Großmutter Siesta zu halten pflegte, drehte sich zur Wand und verweigerte jeden weiteren menschlichen Kontakt; es weigerte sich sogar, den Bedürfnissen seines kindlichen Organismus nachzugeben und lehnte mutig das mit einigen versöhnlichen Leckerbissen verführerisch aufgewertete Nachtmahl ab – es verschloss sich in sich selbst.

Im Nebenzimmer diskutierten die Erwachsenen, auf welche Weise dieser kindlichen *Erpressung*, wie sie das aus der Verzweiflung geborene Verhalten des Kindes nannten, beizukommen wäre und es siegte, wie so oft im Leben des Kindes, die großmütterliche Vernunft über rigorose pädagogische Konsequenz. Das Kind vernahm das Klacken des Metallhebels des Wandtelefons und bald danach die Stimme seiner Großmutter, die zuerst beschwörend und danach im Ton stiller Erleichterung mit jemandem sprach der, wie das Kind aus der vernehmbaren Hälfte des Gesprächs erkennen konnte, mit dem Prinzen in einem Naheverhältnis stehen musste: *„Oh, da bin ich sehr froh, dass Sie mir das sagen ... Ja, ich werde es ihr gleich mitteilen! ... Nein, das wird nicht notwendig sein, ich glaube, das wird - zumindest im Augenblick - das Problem lösen ... Ja, ich danke Ihnen sehr herzlich für Ihr Verständnis ... Nochmals, vielen Dank und meine besten Empfehlungen dem jungen Prinzen und bis nächste Woche - auf Wiedersehen...“*. War das der Sieg? Tatsächlich, mit einem teils strahlenden, teils verschmitzten Lächeln erklärte die Großmutter dem ihr erwartungsvoll und großäugig entgegenblickenden Kind, sie habe mit einer Frau gesprochen, die, wie sie sagte, am Prinzen Mutterstelle vertrete, da er seit langem Halbwaise sei. Er wäre einer Verbindung mit ihm, dem Kind, sicher nicht abgeneigt, allerdings sei er erst sechzehn und müsse noch ein paar Jahre warten und vieles lernen, bis er erwachsen genug wäre, um seine *geliebte Prinzessin* heimzuführen, ein Umstand, der ja auch für das Kind durchaus seine Gültigkeit hatte.

Dem Kind schoss das Blut in wilder Seligkeit durch die Adern, es hatte das Gefühl, dass sich das Zimmer und alles was sich in ihm befand um es zu drehen beginnen wollte und durch den Taumel seiner Gefühle und Empfindungen hindurch erinnerte es sich, dass es das Nachtmahl verweigert hatte und das tat ihm jetzt leid, denn zu dem Gefühl des Glücks und dem Bewusstsein in seiner Liebe für alle Zeit gut aufgehoben zu sein, gesellte sich barer Hunger. Und als es sich satt gegessen hatte und die abendliche Müdigkeit es stiller werden ließ, konnte es schließlich in der beruhigenden Gewissheit einschlafen, an diesem Tag etwas unaussprechlich Großes erlebt und sein Glück für alle Zukunft gesichert zu haben.

Nach diesem Tag gelangte die vorerst irrationale, leidenschaftliche Liebe zu dem schönen Prinzen, den das Kind – in seinem Verständnis – ja nur ein einziges Mal auf der Bühne gesehen hatte, eine Liebe die ihm, wie es meinte, zum Tor in die reale Welt werden würde, in ruhigere Bahnen: es wurden Briefe gewechselt, in denen Ereignisse des jeweiligen Alltags geschildert wurden, wobei die Vierjährige, die zu jener Zeit ja noch nicht schreiben konnte, ihre Briefe der Großmutter in die Feder diktierte. Zur *Prinzessin* erhoben, um dem Gebot der Ebenbürtigkeit zumindest formal Genüge zu tun, erfuhr sie aus den Briefen ihres zukünftigen Gemahls, dass er auf Geheiß seines Vaters, eines mächtigen Königs, in ferne Länder reisen müsse, um die Welt kennen zu lernen – eine Ansichtskarte des Schlosses Belvedere wurde ihr als Beweis einer Reise nach Persien zugeschickt, wo der Prinz sein Geschick in der Löwenjagd beweisen musste. Auch zum Studium fremder Sprachen hielt sich ihr Prinz, so hatte er geschrieben, an fremden Königshöfen auf.

All das gab einem ohnehin verdüsterten Kriegsalltag einen goldenen Schimmer, Wochen und Monate strukturierten sich zu einem zeitlichen Gewebe, in dem, wie ein glänzender Seidenstreifen eingefügt, immer wieder eine Nachricht des Geliebten an seine *Prinzessin* eintraf – es war wie die Verheißung glücklicher Tage nach einer mehr oder weniger langen Zeit der Prüfung und Bewährung, wie sie in Märchen in vielfältiger Art und Weise geschildert werden. Als das Kind sechs Jahre alt war, zur Schule ging und sich mit dem Malen sperriger Schriftzeichen auf schlechtem Papier mit unablässig abbrechenden Bleistiften abmühte, bat es seine Großmutter, seinem Prinzen Folgendes mitzuteilen: „*Wie Du weißt, gehe ich jetzt in die Schule und ich habe schon sechs Buchstaben gelernt. Ich denke, ich werde bald meine Briefe an Dich selbst schreiben können...*" Es wusste damals nicht, dass dieser Brief sein letzter an die Adresse seines Prinzen sein sollte, denn die Verwüstungen des Krieges, die Flucht aus der Stadt und aus der vertrauten Umgebung und schließlich der Zwang, in einem fremden Land neue Wurzeln zu schlagen, ließen auch diese große Liebe dahingehen, ohne dass die *Liebenden* einander je nahe gekommen waren.

Viele Jahre später fand sie als Halbwüchsige, schon an der Schwelle zum Erwachsensein, in der Briefmappe ihrer Großmutter die Ansichtskarte vom Schloss Belvedere, auf der *ihr* Prinz, in runder, femininer und etwas schülerhafter Schrift, ihr seine baldige Rückkehr aus der Fremde zusicherte. Das leidenschaftliche Gefühl, das für sie damals, in einer längst vergangenen Zeit, lebensbeherrschend gewesen war, drängte sich wieder ins Bewusstsein des jungen Mädchens; belustigt erinnerte sie sich des kindlichen Starrsinns, mit dem sie damals auf ihrem Recht als Liebende beharrt hatte, das Objekt ihrer Leidenschaft zu besitzen. „Was wohl aus dem Prinzen geworden ist?" sagte sie, fragend, zu ihrer Großmutter gewandt. „Also was sie heute macht, weiß ich nicht," meinte die so Angesprochene, „aber dass der Prinz auf der Bühne von der Tochter der *Grete Wiesenthal* gespielt wurde, das musst du doch gemerkt haben – hast du sie denn nicht erkannt? Sie hat dich doch auch in den Ballettstunden immer so sonderbar angeschaut..." Natürlich fielen ihr jetzt die verschwörerischen Blicke wieder ein, die von der Assistentin der Ballettschulleiterin zu ihr hingegangen waren und die sie ahnungslos als reine Sympathiebekundungen angenommen und erwidert hatte, aber dass diese junge Frau *ihr Prinz* gewesen war und alles nur ein Spiel – mit ihr, mit ihren Gefühlen, ihren Erwartungen an das Leben – alles nur kindliche Chimäre?

„*Une erreur d'aiguillage!*“[1] sollte viel später ein Freund, dem sie von ihrer ersten großen Liebe erzählte, scherzhaft bemerken, falsch gestellte Weichen für Züge, die niemals am gleichen Ort zusammentreffen konnten - eine *amour fou* für nichts und wieder nichts; äußerlich betrachtet waren sie - das Kind und der Prinz - einander ganz fremd geblieben, für die Vierjährige aber war es das erste und vielleicht das tiefste und prägendste Erlebnis der Sehnsucht nach Überwindung der an den individuellen Reviergrenzen aufgerichteten Fremdheitsschranken zwischen Menschen gewesen, die sich zwar zueinander hingezogen fühlen, aber nicht wissen, ob sie sich auf einander einlassen können.

Dunkelziffer

... Wenn das Opfer ansonsten gesund ist, erinnert es sich an die Tat. Aber wenn das Opfer schon früher ein traumatisches Erlebnis gehabt hat - so traumatisch, dass die Erinnerung daran vollkommen aus dem Bewusstsein verdrängt werden musste - kann ein Angriff zu einer Amnesie führen, weil der neue Angriff nicht erinnert werden kann, ohne Erinnerungen an das frühere Erleben auszulösen, was das Bewusstsein nicht zulassen darf.

(*Jed Rubenfeld, Morddeutung, 2006*)

Auch diese Geschichte, mag sie sich nun genau so oder in etwas anderer Form zugetragen haben, ist von bedrückender Banalität.

Der Brief, in dem er die Anwesenheit des Kindes für die Dauer des Wochenendes mitgeteilt hatte, musste wohl schon angekommen sein; andernfalls wäre es ein Leichtes gewesen, die schwere Hand, die das Schreien zu ersticken versuchte, den kindlichen Hals hinuntergleiten zu lassen und einfach nur eine kurze Zeit - ein paar Sekunden - zuzudrücken. Einen Kinderkörper hätte man in Zeiten prekärer Ordnungsverhältnisse, die auf chaotisches Unrecht und nachhaltige Zerstörungen folgten, in einer der vielen als „Almenden" bezeichneten, unkrautüberwucherten und von kleinen Regenteichen oder Pfützen durchsetzten, verwilderten städtischen Grauzonen ohne große Mühe verschwinden lassen können, wäre da nicht dieser Brief gewesen ...

Und dann hätte, notfalls, ein Anruf in der Direktion, der er ja namentlich bekannt war, genügt, ein fragender, nein ein verärgerter Anruf, wieso denn wieder einmal dem Kind der Ausgang gestrichen worden war, auf Grund welcher Verfehlungen, welcher Spitzbübereien eine so drastische Strafe hatte verhängt werden müssen und er hätte dann, besorgte Verblüffung vortäuschend, erfahren müssen, dass das Kind die Schule vereinbarungsgemäß nach dem Mittagessen verlassen habe und mit seinen elf Jahren doch sicher und verlässlich seinen Weg nach Hause hätte finden müssen, auch wenn es dabei von einer Besatzungszone in die andere und danach nochmals in eine dritte habe wechseln müssen. Danach wäre alles so abgelaufen, wie die Dinge zu jener Zeit eben abzulaufen pflegten: Es hätten, im Versuch den Weg zu rekonstruieren, den das Kind vermutlich genommen hatte, mehrere Polizeikommissariate eingeschaltet werden müssen, viel Zeit wäre mit vergeblicher Suche an falschen Orten verstrichen, Berichte wären abgefasst, in die Sprachen der in den jeweiligen Besatzungszonen verantwortlichen ausländischen Militärs übersetzt worden und schließlich hätte man die ganze „Angelegenheit“ *ad acta* gelegt, denn es verschwanden in jenen Jahren immer wieder Menschen - auch Kinder - ohne dass irgend jemand sagen konnte oder wollte, wieso und wohin. Manche tauchten kurze Zeit oder Jahre später wieder auf, manche von ihnen waren danach nicht mehr dieselben - es waren eben unruhige Zeiten, die aber immer noch besser waren, als die Zeiten davor.

Da er jedoch im Brief an seine für einige Zeit im Ausland sich aufhaltende Frau das Kommen des Kindes erwähnt und seine frohe Erwartung dieses Ereignisses bekräftigt hatte, in einem vor nicht ganz einer Woche abgeschickten Brief, der nicht nur einmal sondern zweimal gelesen wurde, zuerst von einem Zensurbeamten und danach von der Adressatin, war ohne Zweifel damit zu rechnen, dass eine Spur zu ihm führen würde. All das irrlichterte wie ein in rasender Geschwindigkeit ablaufender Film durch sein getrübtes Bewusstsein und versuchte, gegen seinen Willen, von seiner Vorstellung Besitz zu ergreifen.

Als es an der Türe geläutet und er dem Kind geöffnet hatte, war er erfreut gewesen, es zu sehen und in seiner Nähe zu wissen und so, zumindest auf einen halben und einen ganzen Tag, nicht mit sich allein zu sein. Er hatte versucht, so gut er es verstand, ihm häusliche Geborgenheit zu vermitteln und das nach männlichen Gesichtspunkten zusammengestellte Essen – Wurst, Käse und ein Salzhering – hatten dem durch die gastronomischen Vorgaben von Anstaltsküchen keineswegs verwöhnten oder anspruchsvollen Kind sehr gemundet.

Der Vorsommertag war schwül zur Neige gegangen und in der ersten Nachthälfte, als beide schon eingeschlafen waren, brach ein Gewitter von ungewohnter Heftigkeit los. Die hohen Bäume der Umgebung ächzten, vom Sturm gepeitscht und leuchteten im Zucken der Blitze grell auf, Donner krachte in den Schlaf des Mannes hinein und überrollte ihn und alles was ihn umgab mit einer Welle ohrenbetäubenden Lärms, wie er es schon einmal, vor vielen Jahren, erlebt und dabei vergeblich versucht hatte, in panischer Angst dem Krachen und Dröhnen in seinen Ohren, in seinem Kopf, zu entkommen. Damals hatte seine Flucht ein jähes Ende gefunden, als er einen Schlag ans Bein erhalten hatte und, den Sack mit seinen Habseligkeiten an sich drückend, niedergestürzt war; als er, matt und zu keiner Bewegung mehr fähig am Boden lag, spürte er wie Blut warm an seinem Bein entlang rann – danach verlöschte die Erinnerung an jenes Ereignis, dessen Realität ihm nur durch eine dauerhafte Gehbehinderung im Bewusstsein verblieben war.

Ein Geräusch holte ihn in die Gegenwart der stürmischen Gewitternacht zurück: Das Kind stand zitternd in der Türe und suchte Trost und Schutz vor dem tosenden Sturm und dem an knatternde Gewehrsalven erinnernden Niederkrachen des Donners und er machte der verstörten, kleinen Angstgestalt neben sich im Bett Platz. Der Schrecken des nächtlichen Gewitters hatte im Bewusstsein des Kindes die Erinnerung an einst erlebte Bombennächte im Luftschutzkeller wach gerufen hatte und es in einen Zustand der Angst versetzt, die es glaubte, allein nicht ertragen zu können und so drückte er es leicht an sich, um es zu beruhigen.

Blitz und Donner fielen senkrecht und unausgesetzt krachend in das Dunkel der Nacht und er fühlte sich, mit einem Mal, wieder im Graben eingeklemmt zwischen Toten und Verwundeten, seinen Sack und die Waffe an sich pressend, in wahnsinniger Angst nach einem Fluchtweg tastend, dann der Schlag ans Bein, das Gefühl, dass etwas pulsierend an seinem Schenkel herunterrann, die plötzliche Mattigkeit und dann gar nichts mehr ... nur das Kind schrie und versuchte sich aus der Umklammerung seiner Hände heraus zu winden. Hatte da nicht auch einer, dem ein Granatsplitter eben gerade in die Schulter gefahren war, sein Leben herausgeschrieen, ein Unrettbarer, dem er den Mund zugedrückt hatte, bis er stumm und still geworden war – doch das Kind hörte nicht auf laut zu weinen, ein haltloses Schreien der Wut und Verzweiflung, das ihn in die Gegenwärtigkeit dieser Gewitternacht zurückholte. Seine Hand legte sich – wie damals auf den Mund des zu Tode Getroffenen – auf das Gesicht des Kindes und er versuchte, auf diese Weise seine Schreie zu ersticken, er wollte es nur beruhigen – sonst nichts ... Das Gewitter zog weiter, die Blitze fielen seltener, der Donner verklang, das Kind verstummte, sein Körper zuckte noch ein wenig unter dem Eindruck dessen, was ihm eben widerfahren war – war es ihm widerfahren? – und es weinte sich in den Schlaf.

Er war zutiefst erschrocken darüber, wie wenig er sich selbst und das schwere Trauma seiner Fronterlebnisse, die er mit vielen seiner Generation teilte, zu beherrschen imstande gewesen war und wie unvermittelt der Gedanke an eine gewaltsame Lösung des Konflikts, den er nun doch auszuleben hatte, sich als Handlungsmöglichkeit in sein Bewusstsein gedrängt hatte. Er säuberte das inzwischen unruhig eingeschlafene Kind von allen Spuren und trug es in sein Bett zurück. Am nächsten

Morgen herrschte zwischen ihnen eine angespannte Stille, in die hinein nur ganz Alltägliches gesagt werden konnte und beide hofften, dass der Tag rasch zu Ende gehen möge, da keiner von beiden zwischen erlebtem Schrecken und Albtraum zu unterscheiden wusste und das was in dieser Nacht geschehen oder nicht geschehen war, nicht anzusprechen wagte. Das Kind war froh, in die Anonymität der Schule zurückkehren zu können und empfand, wohl zum ersten Mal, kein Heimweh, als die Türe des Schlafsaals sich hinter ihm schloss.

Jahre später, als die junge Frau auf dem Gynäkologenstuhl Platz genommen hatte und der Arzt sich anschickte, sie zu untersuchen, spürte sie ihren Unterleib hart werden und es durchdrang sie ein Schmerz, der schemenhaft Erinnerungen wachrief, die sie nicht zuordnen konnte, ein Dröhnen in ihrem Kopf, wie von stürzenden Gesteinsmassen und das Gefühl, dass jemand heftig in ihrem Nacken atmete und sie wand sich unter dem professionellen ärztlichen Untersuchungsgriff. „Sie müssen sich schon ein bisserl entspannen, sonst kann ich Sie nicht untersuchen und wir werden nie wissen, warum Sie Probleme beim Koitus haben!", stellte der Herr Doktor in nachsichtig herablassendem Ton fest. Gewohnt zu gehorchen, versuchte sie der ärztlichen Aufforderung zu entsprechen und war erleichtert, als der Arzt seine berufserfahrenen Gynäkologenhände wieder zurückzog und mit professionell kühler Stimme meinte: „Na ja, da werden wir halt ein bisserl schneiden müssen, Ihr Hymen ist vernarbt und wenn es auf natürliche Weise durchstoßen wird, könnte das zu einem größeren Blutverlust führen." Auf die Frage der jungen Frau, wie es dazu hatte kommen können, meinte der Arzt nur: „Ja, das kann viele Gründe haben! Ein Unfall beim Spielen, übertriebener Sport, Reiten, alles Mögliche kann daran schuld sein. Und überhaupt, diese präkoitalen Probleme sehen wir Frauenärzte doch recht häufig, vor allem bei intellektuellen jungen Frauen!" Auf diese Weise diskreditiert wagte die junge Frau nur noch eine Frage zu stellen, und zwar die nach der Orgasmusfähigkeit, die ihr Partner bis dahin bei ihr vermisst hatte – sie selbst übrigens auch. Abermals versuchte der Arzt von seiner höheren, männlichen Warte aus, die Dinge ins Lot zu bringen und erklärte ihr, mit geradezu väterlichem Wohlwollen: „Liebe junge Frau, Sie würden gar nicht glauben, wie viele von meinen Patientinnen in ihrem Leben nie einen Orgasmus erleben! Zehn Prozent sind es vielleicht, die einen Beischlaf wirklich genießen." Solcherart seelisch aufgerichtet ließ die junge Frau sich von der Ordinationshilfe einen Termin für den vorgeschlagenen Eingriff geben, erschien pünktlich, zahlte und ging. Zu der im vereinbarten Honorar enthaltenen Nachuntersuchung kam sie, wie man sich denken kann, nicht.

Es sollte wohl noch Jahre dauern, bis sie ihren eigenen Körper, der ihr fremd geworden war, mit allen seinen Ansprüchen erfahren und annehmen konnte, bis sie, mit sich selbst vertraut, Vertrautheit tatsächlich leben konnte und nicht mehr ängstlich die körperliche Nähe eines oder vielmehr jedes Anderen mied.

Die Wiedererweckung des Kleinlasters

Genau genommen fällt diese Geschichte aus dem Rahmen, denn sie handelt weder von Fremdheits- oder Entfremdungserfahrungen, noch von der Einhaltung oder Überwindung gebotener Distanz beziehungsweise der Schaffung erwünschter Nähe - doch erscheint die hier geschilderte Begebenheit aus heutiger Sicht so ungewöhnlich, dass sie dieser Sammlung von Erzählungen hinzugefügt werden soll, umso mehr, als sie sich in der gleichen Zeit zutrug wie die meisten der in diesen Texten beschriebenen Ereignisse.

Es war das Jahr, in dem Österreich gerade noch nicht die *Ostmark* war, als ein junger Mann nach einem sechsjährigen Aufenthalt in der Stadt, die damals *Leningrad* hieß und heute wieder ihren früheren Namen *Sankt Petersburg* trägt, in seine Heimatstadt Wien zurückkehrte und anfangs einige Schwierigkeiten hatte, sich in seiner Muttersprache und der Lebensweise seiner Kindheit wieder zurechtzufinden. Er hatte in den sechs Jahren seines Aufenthaltes in Russland eine Lehre als Werkzeugmacher abgeschlossen und suchte in diesem oder in einem verwandten Beruf Arbeit. Für sein Alter war er außerordentlich belesen, hatte er doch in den Jahren in *Leningrad* nicht nur die Landessprache fließend sprechen und schreiben gelernt, sondern auch jeden ersparten Rubel in den Kauf von Büchern und Zeitschriften gesteckt. Er selbst war es, der seine Mutter zur Rückwanderung nach Österreich gedrängt hatte, da er als regelmäßiger Leser von politischen Leitartikeln und Zeitungsberichten in russischen Medien eine Vorahnung dessen hatte, was Deutschland unter der Herrschaft der NSDAP bevorstand und annahm, dass das Schicksal Österreichs vermutlich mit dem Deutschlands auf unheilvolle Weise verknüpft sein würde; was diese Entwicklung für in Russland lebende Österreicher bedeuten sollte, haben nur allzu viele in Russland verbliebene Ausländer, die plötzlich zu Feinden des Staates wurden, erleben müssen.[1]

Da er nicht über die nötigen Geldmittel verfügte, um sich ein eigenes Leben aufzubauen, lebte der junge Mann im gemeinsamen Haushalt mit seiner Mutter und ihrem neuen Lebensgefährten, der im zweiten Wiener Gemeindebezirk einen Lebensmittelhandel betrieb, ein in damaligen Zeiten zwar nicht überaus einträgliches aber doch sicheres Geschäft. Neben einem ebenerdigen Geschäftslokal besaß der Lebensmittelhändler einen Kleinlastwagen – heute würde man zu diesem Gefährt *Pick-up* sagen – mit dem er Waren heranschaffte und Lieferungen für *bessere* Kundschaften durchführte. Da der junge Mann mit seinen in kyrillischer Schrift abgefassten Zeugnissen kaum Chancen hatte, auf dem ohnedies angespannten österreichischem Arbeitsmarkt in einem seiner Qualifikation entsprechenden Beruf unterzukommen, nahm der das Angebot des Lebensmittelhändlers an, ihm bei der Führung seiner Geschäfte an die Hand zu gehen. So ging das erste Jahr seiner Rückwanderung zu Ende und es nahte, wie der junge Österreicher es vorausgeahnt hatte, der Zeitpunkt des unseligen Anschlusses Österreichs an Deutschland. Am Horizont wetterleuchtete es bereits, selbst wenn viele es zuerst nicht wahrhaben oder danach nichts gemerkt haben wollten.

Dem jungen Mann war klar, dass er, als Zwanzigjähriger, im Falle eines Krieges, von dem er genau wusste, dass er unter falschen Beteuerungen und in krimineller

Absicht geführt werden sollte, ganz sicher an die Front geschickt würde und er entwarf, gemeinsam mit dem Freund seiner Mutter, einen genialen Plan für die Zeit danach – wann immer sie kommen würde.

Es war davon auszugehen, dass in Kriegszeiten privat genutzte Motorfahrzeuge entweder gleich zu Beginn oder vielleicht auch etwas später, im Zuge der Kampfhandlungen und im Rahmen der von der Zivilbevölkerung zu erbringenden Opfer, vom Militär requiriert würden. Um ein in Notzeiten, nach dem Ende eines Krieges, noch viel wertvoller als zum aktuellen Zeitpunkt einzustufendes Kraftfahrzeug vor dem Zugriff des Militärs zu bewahren, müsste man es für die Dauer der zu erwartenden Kriegshandlungen verschwinden lassen, aber wo und wie? Der Lebensraum der Familie bestand aus einer Zweizimmerwohnung im zweiten Wiener Gemeindebezirk, in dicht verbautem Gebiet, und es gab niemanden im Kreis der Verwandten oder Freunde, der ein Versteck für einen Kleinlastwagen hätte anbieten können, ganz abgesehen davon, dass ein solches Ansinnen unzumutbar gewesen wäre, denn ein derartiges Vorgehen hätte als schweres Delikt gegolten und alle Beteiligten vermutlich vor ein Kriegsgericht gebracht. Doch dann hatte einer der beiden Männer die zündende Idee: Das Fahrzeug müsste in seine Einzelteile zerlegt und diese an nur den Beteiligten bekannten Stellen in der Umgebung Wiens vergraben werden.

Bei diesem ebenso langwierigen wie gewagten Unterfangen kam dem Jüngeren der beiden seine Ausbildung zum Werkzeugmacher einerseits, die im Zuge seiner Ausbildung in Russland erworbene Fähigkeit mit Notbehelfen zu arbeiten, andererseits, zugute. Das Fahrzeug wurde Teil um Teil, Schraube um Schraube, Dichtung um Dichtung auseinander genommen, jeweils zusammengehörige Einzelteile gemeinsam in mit Maschinenöl getränkte Lappen gewickelt, um sie vor Rost und Korrosion zu schützen und, da der Lastwagen aus

Ersparnisgründen mit Gas betrieben wurde, in der Umgebung von *Aderklaa,* der schon damals bestehenden Gastankstelle, an bezeichneten Stellen im Boden eingegraben. Der Ort wurde deshalb gewählt, um im Falle des späteren Zusammenbaus und der Wiederinbetriebnahme des Kleinlasters den Vorteil der unmittelbaren Nähe der erwähnten Gastankstelle nutzen zu können.

Ob die beiden Männer sich Aufzeichnungen über die Stellen, an denen Autoteile eingegraben wurden, die Lage der einzelnen Teile und die Tiefe der Eingrabung gemacht haben, ist heute nicht mehr feststellbar – sicher ist aber, dass sie erst nach, zum damaligen Zeitpunkt unvorstellbar langen, sieben Jahren, nämlich im Frühjahr 1945, die Orte wieder aufsuchen konnten, wo sie hofften, die von ihnen vergrabenen Autoteile wieder auffinden zu können.

Sie hatten Glück: Es gelang ihnen, die meisten Einzelteile in relativ wohlbehaltenem Zustand wieder ans Tageslicht zu fördern und daraus wieder ein durchaus fahrtüchtiges Gefährt zusammenzustellen. Wie genau das vonstatten gegangen sein mag, ist heute schwer vorstellbar, denn die Gegend um *Aderklaa* war russische Besatzungszone und dass es möglich gewesen sein soll, völlig unbemerkt tagelang an bestimmten Stellen zu graben und ein in Nachkriegszeiten so wertvolles Objekt wie einen Lastwagen aus Einzelteilen wieder zusammenzustellen, ohne dass Anrainer, lokale Behördenvertreter oder Kommandos der Besatzungsmacht interveniert hätten, erscheint ganz und gar unwahrscheinlich. Vielleicht gab es einen Unterstand, ein verlassenes Gehöft oder eine Bombenruine in unmittelbarer Nähe zu den Orten, an denen die Lastwagenteile vergraben waren, wo ein unauffälliger Zusammenbau der Einzelteile möglich war, denn die Existenz des Fahrzeugs ist fotografisch belegt. Der Lebensmittelhändler verfügte als Hobbyfotograf über eine dem damaligen Stand der Technik durchaus entsprechende und bis heute in Teilen erhaltene Ausrüstung zur Herstellung, Entwicklung und Bearbeitung von Fotografien und hat, neben vielen anderen Nachkriegsmotiven, auch den wiedererstandenen Lastwagen im Bild festgehalten; ein Vergleich mit anderen zeitgleichen Motiven auf derselben Filmrolle lässt die Datierung dieser Aufnahme mit Sommer oder Herbst 1945 zu. Mit deutlich erkennbarem Besitzerstolz wurde der Lastwagen vor dem Obst- und Gemüsegeschäft abgelichtet, auf den Hausmauern sind noch die aus der Zeit des Krieges stammenden Hinweispfeile zu den Luftschutzkellern erkennbar.

Wie das plötzliche Verschwinden des Lastwagens ebenso wie sein Wiederauftauchen aus dem Nichts von der zulassungsbehördlichen Seite geregelt worden war, ist ebenfalls nicht berichtet. Vielleicht wurde der Kleinlaster zu Kriegsbeginn einfach als gestohlen gemeldet und möglicherweise fragte man nach dem Krieg, als die wieder eingesetzten Verwaltungsstellen mit wichtigeren Aufgaben konfrontiert waren, als der Feststellung des rechtmäßigen Betriebs eines Kraftfahrzeugs, nicht nach der Herkunft des Lastwagens. Es ist auch denkbar, dass der ohnehin rechtmäßige Besitzer sein Fahrzeug einfach mit den ursprünglichen und noch vor der Zeit der Nazi-Herrschaft ausgestellten Autopapieren betrieb und, möglicherweise, auf diese Art, sein Lebensmittelgeschäft auf der Grundlage des *Hamsterns* bei Bauern rund um Wien, einer der Zeit des Mangels und des Hungers angepassten Beschaffungsform von Lebensmitteln, wieder aufgenommen hatte und so den Mobilitätsvorteil eines in der Nachkriegszeit absoluten Seltenheitswert besitzenden Kraftfahrzeugs maximal nützen konnte. Vielleicht war es die Kenntnis der russischen Sprache des Jüngeren der beiden Männer und ein Gespräch mit den Besatzern, das sie vor dem Einschreiten russischer Militärstreifen bewahrt hatte – vieles war in jenen Tagen denkbar und möglich; man musste zwar stets auf der Hut sein, doch erlebte man immer wieder unerwartetes Entgegenkommen und Verständnis auch von jenen, denen nach dem Ende des Krieges die Macht gegeben war, nach Willkür und Gutdünken zu entscheiden. Es war eine Zeit, in der man, mit persönlicher Initiative und einer glücklichen Hand, im allgemeinen Nachkriegschaos die Chance hatte, erfolgreich zu überleben, doch durfte man, um seine wirtschaftliche Existenz und manchmal auch sein Leben nicht zu verwirken, die Macht der Sieger nicht unterschätzen.

Schlussbemerkungen

Nun liegen diese zwölf Geschichten vor, elf handeln von Erfahrungen des Fremdseins, des sich fremd Fühlens – die eingangs erwähnte Wortneubildung *„Xenästhesie"* beschreibt nach Ansicht der Autorin diesen Zustand am treffendsten – der zwölfte Text ist einer heute wohl skurril anmutenden Begebenheit gewidmet und erscheint in dieser Sammlung selbst als *Fremdkörper*; aber gerade die originelle Problemlösungsstrategie zeigt, in ihrer subtilen Widerständigkeit, dass es doch möglich war, einem Zwangs- und Terrorregime ebenso wie kriegswirtschaftlichen Einschränkungen ein Schnippchen zu schlagen. Gemeinsam erfassen diese Texte stichprobenweise eine Zeit von mehr als einem Jahrhundert und bilden, in ihrer Gesamtheit, eine weitläufige *Familiengeschichte*, da alle hier geschilderten Ereignisse und Erfahrungen in dieser Familiengemeinschaft ihre erlebten oder auch nur vorgestellten Wurzeln haben. Niedergeschrieben wurden die Erzählungen vor allem in der Absicht, auf individuell erlebte und imaginierte Fremdheitserfahrungen hinzuweisen, die nicht ausschließlich mit dem Verlassen vertrauter Orte und dem damit verbundenen Verlust kultureller Einbettung einhergehen, sondern Fremdheit, Fremdsein in Beziehungen oder in zeitlichen Kontexten beschreiben. Es geht um *die* Definition von *Fremdheit*, die auch *Peter H. Karall* und *Bettina Brixa* in ihrem Aufsatz über *Das Fremde zwischen Erfahrung und Vorstellung*[1] geben:

Dabei ist tatsächlich gerade der Begriff „des Fremden“ mit all seinen Facetten einer jener Termini, die gegenwärtig oft unhinterfragt auch innerhalb der auf Verständigung und Konfliktvermeidung abzielenden Kultur- und Sozialwissenschaften verwendet werden, so als ob es sich hier um ein eindeutiges Phänomen handeln würde. [...] ...sodass „das Fremde“ zu einer diffusen Kategorie geworden ist, auf die jederzeit rekurriert werden kann, wenn es darum geht, auf kulturelle Unterschiede zu verweisen. Dass „Fremdheit“ keineswegs an *kulturelle* Differenz gebunden ist, wird dabei oft übersehen.[2]

Neben vielen anderen Referenzen berufen sich die Autoren bei der Charakterisierung ihres Untersuchungsgegenstandes, des *Fremden* oder der *Fremdheit,* auch auf einen Aufsatz von *Ortfried Schäffter* aus dem Jahr 1991, in dem darauf hingewiesen wird, wie im obigen Zitat erwähnt, dass Fremdheit nicht zwangsläufig durch kulturelle Differenz begründet wird; nachhaltige Fremdheitserfahrungen können daher auch das Ergebnis von Beziehungsverhältnissen sein, die eigentlich Nähe suggerieren sollten und dennoch von Distanz geprägt sind. *Karall* und *Brixa* zitieren *Schäffters* Text über das *Fremde*[3] mit der Aussage: „In der unmittelbaren Auseinandersetzung mit der Fremdheit eines konkreten Gegenübers geraten daher die Interaktionspartner schnell in ein Spiegelkabinett gegenseitig unbekannter ‚Erwartungs-Erwartungen‘“[4], und knüpfen daran die Schlussfolgerung, dass „wenn demnach in einer direkten Interaktion diese Erwartungen und Einschätzungen nicht erfüllt (werden), es zu Irritationen kommt, die Fremdheit zu Tage treten lassen.“[5]

Fremdheitserfahrungen entstehen nicht nur auf dem Boden sogenannter *interkultureller* Konflikte; sie werden, immer wieder, im Rahmen *intrakultureller* Beziehungs- und Verhaltensmuster erlebt und in der, bei Einhaltung individueller Reviergrenzen, als notwendig empfundenen Absonderung von dem Unverständlichen, dem

Angsteinflößenden, in der Distanz gegenüber dem oder den *Anderen*. Dabei ist es nicht so sehr die Fremdheit, das Fremdsein an sich, die als Ablehnung oder Ausgrenzung erlebt werden und dadurch natürlich eine leidvolle Erfahrung darstellen, als vielmehr die Angst schaffende Unsicherheit, als Folge einer Verwischung der Grenzen zwischen Distanz und Nähe, die Fremdheitserfahrungen in ihrer ganzen Negativität erleben lassen. Wenn dort, wo Nähe zu anderen Menschen erlebt werden sollte, Schutzzonen als emotionales Niemandsland aufgerichtet werden und, andererseits, die individuellen Reviergrenzen, die ein Mindestmaß an Distanz gebieten würden, willkürlich verletzt werden, dann zeigen Menschen ein Verhalten, für das die deutsche Sprache ein Wort kennt: sie „fremdeln". Dieses Verhalten, das man typischerweise bei Kleinkindern beobachtet, die beginnen sich individuell von ihrer Umwelt abzugrenzen und sich angstvoll von Personen abwenden, die ihnen fremd und daher angsteinflößend erscheinen, bleibt, in unterschiedlich starker Ausprägung, ein Wesenszug menschlichen Verhaltens und verlangt lebensbegleitend nach Bearbeitung und Bewältigung.

Auch *Karall* und *Brixa*, die Autoren des oben erwähnten Beitrags über das *Fremde in Erfahrung und Vorstellung*, kommen zu einem ähnlichen Schluss, wenn sie schreiben:

> Die Erfahrung von Fremdheit ist aber keinesfalls an konkrete personale Interaktion gebunden. Das diffuse Fremde in Form des Unbekannten und Ungewohnten kommt oftmals unerwartet zum Tragen. Erfahrungen dieser Art, Begegnungen, die sich in ihrem emotionalen Gehalt der Rationalität entziehen, fanden oftmals in literarischer Form ihren einzig adäquaten Ausdruck.[6]

Ob die Ambivalenz von Fremdheitsgefühlen dazu führt, dass sie sich tatsächlich einer rationalen Annäherung entziehen und, wie die Autoren zu verstehen geben, vorwiegend literarische Bearbeitung erfahren, mag als Frage offen bleiben. Die Tatsache, dass in einer Reihe geisteswissenschaftlicher Disziplinen, von denen im vorliegenden Text nur einige erwähnt wurden, über die Ursachen und Auswirkungen von *Fremdsein* nachgedacht und publiziert wurde, lässt den Schluss zulässig erscheinen, dass auch die nicht-literarische Schreibpraxis sich dieses Themas erfolgreich angenommen hat.

So wollen denn auch die in dieser Sammlung von Erzählungen zusammengefassten Texte nichts anderes sein als Geschichten, die weder einen literarischen Anspruch erheben, noch eine theoretische Abhandlung über die Erscheinungsformen des Fremden darstellen. Ihre inhaltliche Klammer ist die eingangs erwähnte Tatsache, dass die beschriebenen Ereignisse und Situationen im Kreis einer durch Filiation und Allianz verbundenen Familiengemeinschaft, über einen Zeitraum von vier Generationen, so oder so ähnlich stattgefunden haben. Allerdings ist der Verlauf der Einzelereignisse auch durch die Einflüsse zeitgeschichtlicher Umbrüche und damit verbundener gesellschaftlicher Konflikte charakterisiert, sodass individuelles Erleben immer wieder im größeren Zusammenhang der alltagsgeschichtlichen Rahmenbedingungen aufgeht. Es ist eine punktuelle, an einigen Kristallisationspunkten festgemachte und daher fragmentarische Familiengeschichte, die so erlebt, erzählt, erinnert und, in einigen Aspekten, auch nur erdacht wurde. Da ich meiner Tochter für die kritische Lektorierung der einleitenden theoretischen Textteile und meinem Mann für redigierende Eingriffe und Zügelung ausufernder Phrasen sowie für die Entfernung überflüssiger Beistriche in den erzählten Begebenheiten zu danken habe, ist dieses Buch nicht nur eine Art Familiengeschichte sondern auch – zumindest teilweise – ein Familienunternehmen.

Anmerkungen

Bildnachweis: Die Fotografien für das Umschlagbild (die verbrannten Perlen, siehe dazu das gleichnamige Kapitel S. 93) und die Abbildung auf S. 133 (der Kleinlastwagen) entstammen dem Privatarchiv der Autorin.

Einleitung

1 Adolfo BIOY CASARES, *„La invención de Morel"*, 1940. Titel der deutschen Fassung *„Morels Erfindung"*.

2 Das klassische Beispiel für die Verfremdung, der sich der Ethnologe aussetzt, wenn er in die Fremde zieht um bis dahin kaum erkundete ethnische Gruppen in ihrem Alltagsleben zu beobachten und über ihre kulturellen Aktivitäten zu befragen, gibt Bronislaw MALINOWSKI in seiner in den Jahren 1922 bis 1929 erschienenen *Trobriander Trilogie.* Hier unterstreicht er die Bedeutung der Teilnahme des Ethnologen am Alltag der zu erforschenden Ethnien und unterscheidet zwischen „sporadischem Eintauchen in die Gesellschaft der Eingeborenen" und der langandauernden Niederlassung im Dorf, um auf diese Weise „am Dorfleben teilzuhaben: „[...] Ich war nun nicht länger ein Störfaktor in dem Stammesleben, das ich studieren wollte und das sich durch meine bloße Ankunft zu verändern begann, wie es bei einem Neuankömmling in jeder unzivilisierten Gemeinschaft geschieht." Bronislaw MALINOWSKI, *Argonauten des westlichen Pazifik,* Klotz, 2001, S. 29.

3 Julia KRISTEVA, Titel der französischen Originalausgabe: *Étrangers à nous-mêmes,* Librairie Arthème Fayard, Paris, 1988, 199 - 204.

1 *Kashinawa*-Mythos gesammelt und aufgezeichnet von J. Capistrano de ABREU in „*Râ-txa hu-ni-ku-i. A Lingua dos Caxinauas*", Rio de Janeiro, 1914, zitiert in Claude LÉVI-STRAUSS, *Mythologiques III. L'origine des manières de table,* Plon, Paris, 1968, S. 76.(Übersetzung aus dem Französischen von der Autorin).

2 Julia KRISTEVA, *Fremde sind wir uns selbst,* Suhrkamp, Frankfurt am Main, 1990, S. 20.

3 Andre GINGRICH, *Erkundungen - Themen der ethnologischen Forschung,* Böhlau, Wien–Köln–Weimar, 1999, S. 38.

4 Philippe DESCOLA, *Les lances du crépuscule - relations Jivaros, Haute-Amazonie,* Terre humaine, Plon, Paris, 1993, S. 61 (Der zitierte Text wurde aus dem französischen Original von der Autorin übersetzt). Der Autor ist 1949 in Paris geboren, studierte zuerst Philosophie und danach Kultur- und Sozialanthropologie bei Claude Lévi-Strauss. Vor seinem dreijährigen Aufenthalt bei einer *Jivaro*-Gruppe im äquatorialen Amazonasgebiet hatte er Feldforschungen bei den *Tzeltal,* einer ethnischen Gruppe in Mexiko durchgeführt. Er ist heute Leiter des L.A.S. (Laboratoire d'anthropologie sociale) und Lehrer am Collège de France.

5 Ebenda, S. 88–89 (Übersetzung des französischen Originaltextes von der Autorin).

6 Bernhard WALDENFELS, *Topographie des Fremden - Studien zur Phänomenologie des Fremden 1,* stw 1320, Frankfurt am Main, 1997, S. 27.

7 Ebenda, S. 28.

8 Julia KRISTEVA, *Fremde sind wir uns selbst,* Suhrkamp, Frankfurt am Main, 1990, S. 34.

9 Albert CAMUS, *Der Fremde,* rororo TB, 1964, S. 33.

10 Julia KRISTEVA, *Fremde sind wir uns selbst,* 35.

11 Ebenda, S. 36 f. passim.

12 Ebenda, S. 35.

13 Zygmunt BAUMAN, *Tod, Unsterblichkeit und andere Lebensstrategien,* Fischer Taschenbuch Verlag, Frankfurt am Main, 1994, S. 279 f.

Klaschketâa

1 Bernhard WALDENFELS, *Topographie des Fremden - Studien zur Phänomenologie des Fremden 1*, stw 1320, Frankfurt am Main, 1997, S. 38.
2 Ebenda, S. 77.
3 Ebenda, S. 108 f.
4 „Raus mit euch beiden, aber schnell!“.
5 Von 1940 bis 1944 von der deutschen Wehrmacht besetztes und administriertes französisches Staatsgebiet.
6 „*autre chienne*“ war das aus *autrichienne* = Österreicherin abgeleitete Schimpfwort für Österreicher und bedeutete wörtlich „die andere Hündin“. „*Chien*“, das französische Wort für „Hund“, bezeichnet im übertragenen Sinn einen niederträchtigen oder widerwärtigen Menschen. Nicht nur „*les boches*“ - Schimpfwort der Franzosen für die Deutschen - waren bei vielen Franzosen während und nach dem Zweiten Weltkrieg verhasst, sondern auch „*les autres chiens*“ - die Österreicher.

Biarritz, Sommer 1943

1 Henry ROUSSO, *Les années noires - vivre sous l'occupation,* Gallimard, 1992, S. 34.
Der Zeithistoriker Henry ROUSSO hat sich in einer Vielzahl von Publikationen mit der zeitgeschichtlichen Aufarbeitung der politisch-militärischen Hintergründe und den gesellschaftlichen Auswirkungen der Niederlage Frankreichs 1940 und der vier Jahre dauernden deutschen Besetzung eines großen Teils des französischen Staatsgebiets auseinandergesetzt. Die hier erwähnte Publikation versucht auf der Grundlage von Bilddokumenten, Fotos und im Wortlaut zitierten Aussagen von Mitgliedern der kollaborierenden Vichy-Regierung und ihrer politischen Gegner im Widerstand und im Ausland eine Vorstellung der Konflikte und Drangsale in diesen Jahren der Unruhe zu geben.
2 „*système D*“ steht für den französischen Begriff „*se débrouiller*“ und bedeutet so viel wie aus Schwierigkeiten herausfin-

den, sich zu helfen wissen, irgendwie aus einer misslichen Lage wieder herauskommen; der Begriff stand vor allem während der Zeit der deutschen Besetzung großer Teile Frankreichs von 1940 bis 1944 für alle nur denkbaren Vorgangsweisen und subtilen Handlungsanleitungen zur Umgehung offizieller Vorschriften sowie für die Beschaffung von kriegsbedingt raren Konsumgütern oder ihrer Ersatzprodukte.

3 Maquis, aus dem korsischen *macchia* abgeleitet, bezeichnet wörtlich eine unwirtliche, von Gestrüpp und Buschwerk bewachsene Region in den Ländern am Rand des Mittelmeeres. Da diese Region den Angehörigen der französischen Widerstandsbewegung im Zweiten Weltkrieg als Rückzugsgebiet diente, wurde dieser Begriff auch zu einem Synonym für die französische *Résistance.*

4 Das *Deutsche Theater Lille* war, folgt man dem Wortlaut einer propagandistischen Festschrift, die 1943 anlässlich des zweiten Jahrestages der Gründung des Theaters verfasst worden war, *„als Geschenk der Heimat an die Truppen im Westen"* ins Leben gerufen worden und stand unter der Leitung des Intendanten E. A. Ziegler, dessen Begeisterung für das Naziregime und dessen Sendungsbewusstsein in den von Regimetreue und Patriotismus überschäumenden Begleittexten der Festschrift nur allzu deutlich zum Ausdruck kamen.

5 Tatsächlich hat meine Mutter durch diese Entscheidung das Leben ihrer Mutter, ihres Stiefvaters und wahrscheinlich auch das meine gerettet, denn wie dem bis heute erhaltenen Schriftverkehr mit den Behörden aus dem Jahr 1944 zu entnehmen ist, erhielt mein jüdischer Stiefgroßvater am 27. Februar 1944 die Aufforderung durch den Reichsstatthalter in Wien, der Wiener Gemeindeverwaltung binnen 8 Tagen eine andere Mischehe bekannt zu geben, mit der er mit seiner arischen Frau „zuammenzusiedeln" habe, wobei diese zu nennende Wohnung nicht in den Bezirken 13, 17, 18, 19 und 26 liegen dürfe; bei Nichteinhaltung der 8-Tage-Frist erfolge die Einweisung in eine „Mischehenwohnung" durch die Dienststelle des Reichsgaus Wien – und was darauf folgte, war damals wie heute nur zu bekannt: die Deportation. Diese Aufforderung zur Räumung der Wohnung konnte durch meine Mutter unter Hinweis auf

ihre berufliche Stellung als Mitglied des *Deutschen Theaters Lille* und ihre Mitbenützung der elterlichen Wohnung abgewendet werden, auch wenn nur wenige Wochen danach das Deutsche Theater in *Lille* aufgelöst wurde und die Ensemble-Mitglieder versuchten, an ihre früheren Wohnorte zurückzugelangen oder irgendwo das Ende des Krieges abzuwarten.

6 Ausführlich berichtet Petra WEBER in „*Carlo Schmid - eine Biographie*“ über Kontakte, die *Carlo Schmid* zu französischen Politikern und Kreisen unterhielt, die der *Résistance* nahe standen. Siehe vor allem das Kapitel „Im Widerstand“ in *Carlo Schmids* Zeit als Kriegsverwaltungsrat in *Lille, Carlo Schmid,* suhrkamp TB 2912, München, 1998, S. 170–187.

Die Sonne ging im Osten unter

1 1935 von der NSDAP erlassenes Gesetz zum „Schutz des deutschen Blutes und der deutschen Ehre“ (auch „Blutschutzgesetz“ genannt) sowie das „Reichsbürgergesetz“. Auf der Grundlage des erstgenannten wurden unter dem Nazi-Regime zahlreiche Prozesse wegen sogenannter „Blutschande“ geführt. Die Nürnberger Rassengesetze schufen eine breitere juristische Basis für Diskriminierung und Verfolgung der Juden in Deutschland und gaben der NS-Rassenideologie einen juristischen Anstrich.

2 Die *Zweierlinie,* auch *Lastenstraße* genannt, bezeichnet einen breiten, parallel zur *Ringstraße* verlaufenden Straßenzug zwischen *Währingerstraße* und *Karlsplatz* an der Bezirksgrenze zum 1. Bezirk, *Innere Stadt.* Sie wurde im Zug der Anlage der *Wiener Ringstraße* gebaut und nahm den Lastenverkehr auf, der nicht über die Wiener Prachtstraße abgewickelt werden sollte.

3 Siehe Webservice der Stadt Wien: „Wien im Rückblick - Kalendarium,Wien 1945“ anlässlich des 50. Geburtstags der Zweiten Republik vom Presse- und Informationsdienst der Stadt Wien zusammengestellt.

4 „Zur Rast vor der Steigung“.

Dekolonisierung

1 „Sehen Sie, so sind sie, die Neger, wenn man sie sich selbst überlässt - Sie würden sich gegenseitig erschlagen!".

Distanzlose Nähe - unnahbare Distanz

1 Claude LÉVI-STRAUSS, *Mythologiques III - L'origine des manières de table*, Plon, Paris, 1968, S. 149.
2 Julia KRISTEVA, *Fremde sind wir uns selbst*, Suhrkamp, Frankfurt am Main, 1990, S. 203.

„Ich hab' geglaubt, du bist auch schon tot!"

1 Kim PICHLER, die 10-jährige Verfasserin des Gedichts, ist Annas Ur-Ur-Urenkelin; das Kind verfasste das Gedicht in der Zeit, als ihre Mutter an einer schweren Krankheit litt. Da sie - im Gegensatz zu dem siebenjährigen Mädchen, das im Mittelpunkt dieser Geschichte steht - in der Liebe und Zuwendung ihrer Familie gut und sicher aufgehoben war, konnte sie ihre Trauer und ihre Verlustängste artikulieren und einen hoffnungsvollen Schlusspunkt setzen.
2 Das heutige Bundesgymnasium *Oberhollabrunn* wurde 1865 gegründet, hatte aber zu geringe Schülerzahlen um mit acht Gymnasiumsklassen geführt werden zu können. Mit der Verlegung des 1856 gegründeten *Fürsterzbischöflichen Knabenseminars* im Jahr 1880 von Wien nach *Oberhollabrunn* konnte die Schule zuerst als Seminar und ab 1883 als achtklassiges humanistisches Gymnasium erhalten werden. Heute besuchen etwa 700 Schüler und Schülerinnen das Bundesgymnasium *Oberhollabrunn* mit den Untergliederungen „Gymnasium" und „Realgymnasium"; in der Oberstufe werden „Europa-Klassen" mit Fremdsprachenschwerpunkten und „Notebook-Klassen" angeboten.

Verbrannte Perlen

1 Der Schweizerische Zofingerverein, auch *Zofingia,* ist eine der ältesten Studentenverbindungen der Schweiz. Ihr Name geht auf den Gründungsort *Zofingen* zurück und bietet seinen Mitgliedern - Studenten an allen Schweizerischen Universitäten - eine lebenslange Mitgliedschaft an; nach absolviertem Studium können Mitglieder der *Zofingia*-Studentenverbindung dem *Altzofingerverein* beitreten.

2 „Liebster, mein innigst Geliebter, küss mich, lass mich vergehen in deinen Küssen; in deinen Armen, gefangen im Kuss deiner Liebe zu sterben, wäre für mich das größte Glück auf dieser Erde."

3 Die JUVA (Judenvermögensabgabe) wurde im November 1938 nach der Pogromnacht vom 9. November 1938 als Folge der Verordnung über die Anmeldung des Vermögens von Juden vom April 1938 vom NS-Regime eingeführt und als „Sühneleistung" für den Mord an Ernst vom Rath, Angestellter der deutschen Botschaft in Paris, eingefordert. Alle deutschen Juden, die mehr als 5000 RM besaßen, mussten zunächst 20 %, ab Oktober 1939 25 % ihres Vermögens an den Fiskus abführen. Daneben bestand die „Reichsfluchtsteuer", die ebenfalls 25 % des 1938 vor den NS-Behörden angemeldeten Vermögens ausmachte und bei Verlassen des Deutschen Reichs, auch bei zwangsweise erfolgter Deportation in ein deutsches Konzentrationslager außerhalb der Reichsgrenzen, entrichtet werden musste.

Lebensliebe

1 „Falsch gestellte Weichen".

Die Wiedererweckung des Kleinlasters

1 Siehe zu dieser Frage auch den kürzlich erschienen Artikel von Hans SCHAFRANEK, „Ausweisung österreichischer und

deutscher Emigranten aus der SU", *NachRichten - Österreich in der Presse: Sammeledition vom Anschluss zur Befreiung 1938-45, Teil 15*, S. 4.

Schlussbemerkungen

1 Peter H. KARALL, Bettina BRIXA, „Erscheinungen. Das Fremde zwischen Erfahrung und Vorstellung", in: Marie-France CHEVRON (Hg.), *Erscheinungen des Wandels*, WEB 47/48, S. 72-101.
2 Ebenda, S. 73.
3 Ortfried SCHÄFFTER (Hg), *Das Fremde. Erfahrungsmöglichkeiten zwischen Faszination und Bedrohung*, Opladen, 1991.
4 Ebenda, S. 13.
5 Peter H. KARALL, Bettina BRIXA, „Erscheinungen. Das Fremde zwischen Erfahrung und Vorstellung", S. 75.
6 Ebenda, S. 76.

Passagen Anthropologie

Johanna Krafft-Krivanec

Niedergeschrieben für Euch

Ein Kriegstagebuch aus kulturanthropologischer Perspektive

Ausgangspunkt und Textgrundlage dieser kulturanthropologisch orientierten Studie ist das Kriegstagebuch einer jungen Frau, das sie unter dem Titel *Tagebuch einer Daheimgebliebenen* von August bis Oktober 1914 geführt und ihren Kindern zugedacht hatte. Aus kulturanthropologischer Sicht interessiert einerseits die subjektive Wahrnehmung und Bewertung der Kriegsereignisse auf der Grundlage der stark meinungsbildenden Presse jener Zeit, andererseits das Erleben des Kriegsalltags in der Situation einer gebildeten, zwar nicht wohlhabenden, aber doch finanziell abgesicherten jungen Frau und Mutter. Ihre persönliche Wahrnehmung ebenso wie ihr individuelles Erleben werden dabei auf die unreflektierte Übernahme sogenannter „kollektiver Vorstellungen" - die Summe der mentalen Bilder und Werte, die einer Gesellschaft eigen sind - hin untersucht und im Spannungsfeld subjektiver Erfahrung versus objektive Tatsachen bewertet.

Passagen Anthropologie

Johanna Krafft-Krivanec

Der Sinn des Schenkens

Vom Zwang zu geben
und der Pflicht zu nehmen

Berichte über ritualisierte Formen des Schenkens – *kula*-Zeremonien und *potlatch* – veranlassten Marcel Mauss, sich mit den sozialen Wirkungen der Gabe zu befassen. Er definierte die Pflicht zu geben, um den sozialen Status zu wahren, die Pflicht die Gabe anzunehmen und sich damit in die Schuld des Schenkenden zu begeben, und die Pflicht, eine schuldbefreiende Gegengabe anzubieten. Mauss' Thesen wurden von zahlreichen Autoren aufgegriffen und weiterentwickelt, darunter von Claude Lévi-Strauss, Jean Baudrillard und Marcel Godelier. In diesem Text wird die ritualisierte Geschenkpraxis in traditionellen Gemeinschaften der Reziprozität von Gabe und Gegengabe in westlich-abendländischen Gesellschaften gegenübergestellt. Ein früher Text von Claude Lévi-Strauss gibt den Blick auf eine andere Interpretation des weihnachtlichen Gabenfestes frei.

Passagen Philosophie

Johanna Krafft-Krivanec

Todesbilder

Ein kulturanthropologischer Versuch

Wir wissen, dass wir sterblich sind, dennoch versuchen wir, so zu leben, als ob es den Tod nicht gäbe; im abendländischen Denken wird der Tod als unbewältigbare Krise des Individuums oder als Skandal definiert. Eine Auseinandersetzung mit Tod und Sterben erfolgt nur dann, wenn grauenhafte oder spektakuläre Ereignisse ihre suggestive Wirkung entfalten und uns an unsere Sterblichkeit erinnern. Kulturanthropologisch erscheint die Frage interessant, ob Todesvorstellungen kulturell geprägt sind und, wenn ja, wie diese Prägung in der intellektuellen Produktion unserer abendländischen Kultur erkennbar ist und ob die geistigen Produkte anderer Kulturen – wie etwa Mythen – etwas leisten können, das unsere Kultur nicht vermag.

Passagen forum

Jacques Derrida, Hélène Cixous

Voiles

Schleier und Segel

Der vorliegende Band verbindet Reflexionen von Hélène Cixous über „Sehen“ und „Wissen“, sowie deren Verunsicherung, mit einem sich als „Reisetagebuch“ präsentierenden Text-Gewebe von Jacques Derrida über das Verdikt, Ver- und Enthüllung, Wahrheit, Weiblichkeit, das Sehen sowie den jüdischen Gebetsschal Tallith – und nicht zuletzt Seidenwürmer.

Der homonyme Titelbegriff Voiles bringt augenblicklich die Fragen der Homonymie, der sexuellen Differenz und des Plurals ins Spiel: das maskuline *le voile* bedeutet „Schleier“, das feminine *la voile* „Segel“. Ihre Verbundenheit geben beide Texte durch Anklänge an ein gemeinsames Genre zu erkennen: Autobiografie, Bekenntnis, Erinnerungen, sowie dadurch, dass Derridas auf einer Reise nach Südamerika Ende 1995 verfasster Text neben zahlreichen Lektüren (Bibel, Augustinus, Freud, Benjamin, Heidegger, Celan) ein bisweilen minutiöses Lesen des Essays von Cixous einschließt.

Eine mehrstimmige Geschichte befreundeter Denkender und Schreibender, die sich in die Falten von Schleiern wie in die Sprach-Bewegungen der Homonymien, Metonymien und Metaphern hüllt.